初中数学
教学设计与实施

吴伟鸿 ◎著

中国出版集团

中译出版社

图书在版编目（CIP）数据

初中数学教学设计与实施／吴伟鸿著 . -- 北京：
中译出版社，2023.11
ISBN 978-7-5001-7598-8

Ⅰ.①初… Ⅱ.①吴… Ⅲ.①中学数学课–教学设计
–初中 Ⅳ.①G633.602

中国国家版本馆 CIP 数据核字（2023）第 211096 号

初中数学教学设计与实施

CHUZHONG SHUXUE JIAOXUE SHEJI YU SHISHI

著　　者：吴伟鸿
策划编辑：于　宇
责任编辑：于　宇
文字编辑：纪菁菁
营销编辑：马　萱　钟筏童
出版发行：中译出版社
地　　址：北京市西城区新街口外大街 28 号 102 号楼 4 层
电　　话：（010）68002494（编辑部）
邮　　编：100088
电子邮箱：book@ctph.com.cn
网　　址：http://www.ctph.com.cn

印　　刷：北京四海锦诚印刷技术有限公司
经　　销：新华书店
规　　格：787 mm × 1092 mm　1/16
印　　张：10.25
字　　数：200 千字
版　　次：2023 年 11 月第 1 版
印　　次：2023 年 11 月第 1 次

ISBN 978-7-5001-7598-8　　定价：68.00 元

前　言

　　初中数学教学设计是以数学学习论、数学教学论等理论为基础，运用系统的方法分析数学教学问题，确定教学目标，选择教学方法，设计教学思路与流程以及解决数学教学的策略方案、试行方案、评价试行结果和修改方案的过程。对于初中数学教师而言，教学设计是教师在实施教学前对教学行为进行周密的思考与安排；是对教的内容、如何教、学生如何学、要达到何种目标等要素进行系统认真的分析与研究；是对如何达到教学目标、如何组织教学活动过程以及在活动过程中将采取什么策略、方案进行的一种设计安排，教学设计的成功与否直接关系到数学课堂教学的质量和效果。

　　基于此，笔者撰写了《初中数学教学设计与实施》一书，在内容编排上共设置六章，分别为：初中数学教学的理论支撑、初中数学教学设计的内容体系、初中数学教学的模式及其设计、初中数学单元整体教学设计、初中数学教学技能与实施策略、初中数学教学实施中的创新实践。

　　本书以初中数学新课程标准为指导，密切联系初中数学教学实际，针对初中数学教学设计及方法展开研究讨论，深刻反映当今初中数学教学中的新问题、新思路和新策略。另外，本书试图通过对新课程实施以来初中数学课堂教学设计中存在问题的剖析，揭示问题存在的症结，把准教学设计中出现的病脉，从源头入手，帮助教师学习和提升新课程有关教学设计的理论，并对教师如何进行有效设计作切实有效的指导。

　　本书的撰写得到了许多专家学者的帮助和指导，笔者在此表示诚挚的谢意。由于笔者水平有限，加之时间仓促，书中所涉及的内容难免有疏漏与不够严谨之处，希望各位读者多提宝贵意见，以待进一步修改，使之更加完善。

目　录

第一章　初中数学教学的理论支撑

第一节　初中数学课程性质与原理

一、初中数学的课程性质

义务教育阶段的课程设置，要兼顾到全体学生。课标中罗列的数学课程内容，最终目的都是为了培养将来能够更好地适应社会的人才。因此，凡是烦琐、陈旧的内容，脱离社会发展实际、不符合学生身心发展特点的内容，不利于促进学生发展的内容等，都应该被舍弃，例如，就一元二次方程的课程内容而言，学生应该掌握一元二次方程的解法、多做几道题，还是应该学会运用一元二次方程解决生活实际问题，这是很明确的。此外，接受义务教育的学生中就隐藏着未来从事数学研究的专家，接受怎样的数学教育，他们就会形成怎样的心理和智力能力，换言之，如今的数学教育关乎这些学生未来的职业发展及取得的成就。

（一）数学课程力求提升学生的基本数学素养

在初中阶段，数学课程应该努力提高学生基本的数学素养，基于这一点，凡是能够提高学生数学素养的内容都是数学课程教学的重点，如数学知识和技能、运用数学的能力、思维方法等；而学生学习数学也主要通过相应的教学过程。但有些内容也不具有普适性，不是必须学习的内容，如某些特定的技能和技巧；与之对应的是某些为了应付考试而开展的教学活动就不是学生学习数学的有效途径。

例如，与三角形性质相关的课程内容，对大多数学生来说，是应该多学习如何证明三角形，掌握各种技巧等，还是应该学习一些通用的基本方法，掌握证明的过程等，这也是十分明确的。

需要注意的是，未来走向社会的人才需要具备什么样的数学素养是一个需要深入研究的问题。通常来说，课程标准中要求的基础知识和技能、思想方法和能力等都是基本数学素养的重要组成部分，除此之外，能够运用数学解决实际问题、形成良好的思维习惯、正确看待所学的数学内容等也是基本数学素养非常重要的内容。

（二）数学课程学习过程利于学生可持续发展

学生在中小学阶段学习的课程内容应该属于第一阶段的学习，具有系统性的特点，这一阶段的教育结束以后，学生将来无论是选择继续学习还是选择就业，都会进一步发展，从这个意义上来看，义务教育阶段的学习具有基础性作用，能够让学生持续发展，在数学课程的学习方面，首先，课程内容要注重基础性；其次，在学习数学的过程中，要促进学生进一步发展。所以，学生应该掌握学习的方法、学会分析和思考并与他人合作，此外还要能够认识问题，对问题进行分析，解决生活实际问题，以上这些内容都是学生数学学习的重点。

有些学习方式不符合要求，应当慎用，例如让学生反复操作，达到熟练程度，让学生做大量的练习题，解决同类问题或分类记忆等，这些学习方式都是机械的，对学生来说比较枯燥。这样的学习方式和学习过程会让学生对数学失去兴趣，不利于提高学生的思维能力，更有可能会打击学生的自信心，让学生的意志力薄弱。

二、初中数学的教学原理

（一）初中数学教学的理论支撑

1. 信息传播理论

人类对信息传播理论的研究开始于 20 世纪 40 年代，研究的内容是从"新闻传播"转移到"信息传播"。信息传播理论的核心部分是信息传播模式。信息传播模式有很多，这里主要探讨拉斯威尔的"五 W"论和贝罗的传播模式。

（1）拉斯威尔的"五 W"论。拉斯维尔认为，要了解什么是传播，只需回答"五 W"，分别如下：

Who——教学的组织者，即教师或其他教学信息源。教师负责提供和发送教育信息，担当译码者、解释者和编码者三重角色。

What——教学内容，即教育信息。教育信息是系统的知识和经验。教育信息本身不能直接传递，必须借助一定的物质形态。它显示了教育传播特点与功能的基本要素以及教育传播系统各要素之间的相互作用。

Which——通道和媒介。通道是指教育信息形成后通过哪种教学渠道，由一方传送到另一方所建立的联系方式。媒介是教育信息的载体，是通道中的重要成分。

Whom——教学对象，即受教育者。受教育者是施教的对象，也就是教育信息的接受者，学生在一定程度上是与教师对等的主体，因此，学生同样担负着三重角色，承担接受教师知识信息，并接受和收集其他教学信息，对信息进行加工，实践应用和有意识地反馈等任务。

With——达到怎样的教学效果。可以把教学效果理解为教学者将教学内容传递到学习者而引起学习者思想、知识结构等的变化。

在信息传播的过程中，这些要素具有十分重要的价值，对教学设计来说也同样重要。

例如，教师如何设计教学过程、如何安排教学内容、如何制订教学方案、如何使用多媒体开展教学等。"五 W"模式虽然与教育传播的过程具有相似之处，但是没有重视教学过程的反馈，也没有在各个要素之间建立有效的联系。

（2）贝罗的传播模式。这一传播模式对传播过程进行分解，确定了四个基本要素：信息的来源、信息本身、传播渠道和途径和信息接收者。贝罗的这一传播模式具体说明了影响和决定信息传播速度及效果的因素是多种多样的，不同的因素之间有着千丝万缕的联系，但也彼此制约。

人类的传播活动从未停歇，而且传播范围十分广泛，教学就是传播知识的活动，但传播并不单单只是为了教学。人们在解释教育的传播过程时，经常使用贝罗的传播模式，这一模式有利于深入研究教育传播过程，为研究变量设计提供相应的参考。

2. 现代学习理论

行为主义学习理论[1]将学习定义为通过某种方式给予学习者相应的刺激，从而让学习者做出某种反应的过程，在刺激和反应之间建立联系，并不断加强这种联系。行为主义学习理论观察和研究客观行为，并采取各种方式强化学习者的行为，这深刻影响了教学设计，但行为主义理论也具有不足之处，它认为学习是被动的，忽略了人的主观能动性，因此逐渐被淘汰，认知主义学习理论逐渐取而代之。

认知主义学习理论[2]包含多种学习理论，以布鲁纳、奥苏伯尔、布鲁姆、加涅为代表，重视个人主观能动性的作用，认为其在学习过程中发挥着巨大的作用，并主张将心理研究和个人行为研究相结合。布鲁纳的发现学习理论提出，每个人的认知结构都不同，人们在学习时，会在自身认知结构的基础上改造新的知识和经验，然后形成新的认知结构，在这一过程中，学生不是被动的，而是主动对信息加工，主动学习。加涅提出了累积学习理论，也叫学习的层次理论，他认为学习的过程分有八个阶段：学习动机、领会、掌握知识、保持、回忆、概括、作业、反馈，教学过程中的各项工作与上述八个阶段可以对应起来，教师在这一过程中主要负责指导学生。

建构主义学习理论提出学习者会利用自身已有的知识体系，在创设的情境中与客体交流和互动，从而构建个人心理意义，在这一过程中，学习者具有主观能动性，学生是认知的主体，教师起辅助和指导作用，这一学习理论是在认知主义基础上发展起来的。20世纪90年代以后，建构主义受到越来越多人的认可，提倡运用建构主义理论开展教学，强调学生是课堂的中心，注重师生之间的互动。

① 行为主义学习理论是指运用行为主义的理论和方法研究学习的一种心理学流派。
② 认知主义学习理论与行为主义学习理论相对立，认知派学习理论家认为学习在于内部认知的变化，学习是一个比 S-R 联结要复杂得提的过程，他们注重解释学习行为的中间过程，即目的、意义等，认为这些过程才是控制学习的可变因素。

人本主义学习理论的代表人物是马斯洛和罗杰斯，他们认为教育的作用是为学习者提供一个心理环境，这一心理环境是自由的，具有一定的情境，并且认为人可以充分发挥自身潜力，教育只是辅助，坚持以人为中心：教学目标就是为了实现自身价值，教学过程中让学生自由发展，且秉持信任和相互理解的教学原则。教师应该根据相应的教学理论，在实践中不断探索，才能了解教学的具体内容和意义，教学理论都是数学教学设计的指导思想。

（二）初中数学教学的功能作用

学校开设数学课，并不只是为了培养数学人才，这不是数学教学的根本目标。目前，大多数人都认可，数学教学是为了培养学生思考问题和解决的能力，促进学生逻辑思维发展，提高综合素质。具体来说，小学和初中阶段的数学与学生的生活实际密切相关，引导学生运用数学思维去解决生活中的问题，让复杂、抽象的数学题目变得更加贴合实际。学生一方面可以掌握数学知识；另一方面也能提高综合素质，全面发展。下面从三个方面出发，对数学教育的作用进行分析：

1. 研究数学能够健全学生的心理素质

只有具备良好的心理素质，适应周围的环境，才能在学习、生活和工作中更加从容。心理素质具有调节和平衡的作用，对人的整体素质发展意义重大。数学是抽象性较强的学科，学生在解决数学问题时难免遇到困难，心理上不得不经受种种考验，这有助于学生形成良好的心理素质。

2. 感知数学能够增强学生的审美意识

数学能够提高人的理性思维能力，每个人都必须具备一定的数学素质。例如勾股定理，这一简简单单的公式就概括了直角三角形三条边之间的关系，表现了理性美。

3. 新课标下初中数学教学的育人功能

新课标突出强调了德育教育，数学教学的重要任务是根据学生实际情况，运用数学教学内容提高学生思想品德，帮助学生树立正确的世界观、人生观和价值观，这说明在整体教育教学中，德育具有不可撼动的地位，在新课标的要求下，数学教育面临着更严峻的考验。

（1）教授学生数学史，提高学生综合素质。每一项数学成果都来之不易，有着曲折的历程。人类几千年的文明发展史中，数学史是非常重要的一部分。了解和学习数学史，能够帮助学生开拓眼界，激发学生学习数学的兴趣。我国古代数学取得了一系列辉煌的成就，有许多数学家的故事，这就是很好的教育素材，激发学生的爱国精神和学习的动力，让学生产生民族自豪感。

（2）通过数学教育培养学生的审美能力。数学的审美价值是比较隐晦的，人们很难发现它的美，中学生更难发现，中学生的人生经验、知识水平和审美意识等方面具有一定的局限性，无法充分感受到客体内在的美和价值，因此需要教师对学生予以引导，向学生展示更多的审美内容，让他们感受到数学蕴含的理性美，从而培养学生创造美的能力，促进智力发展，成为综合素质全面发展的人才。

（3）利用数学的严谨性教育学生。数学学科具有逻辑性和抽象性的特点，在界定概念、运用原理和验证结果等方面要求比较严格。数学中最常见的是数字和各种图形，每个数字都是确定的，图形也要求完美无瑕，不能出现误差，所以学生在学习数学的过程中要努力做到不让自己出错，严格要求自己，一丝不苟，而且做事情要有理有据、符合逻辑。所以，获得数学知识并不是学习数学的根本目的，学习数学最主要的目的是培养逻辑思维能力，学习数学精神和思维方法，提高自身素质，在今后的学习、工作和生活中加以运用。

总而言之，只有具备丰富的知识，并且人格完善，具有良好的心理素质，才能称得上是全面发展的人。在数学教学中融入德育教育内容，在潜移默化中对学生的思想和素质产生影响，这一过程是循序渐进的，要注意可行性，并长期坚持下去。根据学生的知识水平和思维方式，在无形中影响学生，既能提高学生的智力能力，又能培养学生良好的道德素质。

第二节　初中数学教学功能与意义

进行数学教学的目的，从本质上来讲，不在于或不单单在于培养多少数学家、数学才子。而在现在看来，培育人的数学思想和解决问题的能力，开拓头脑中的数学空间，促进人的全面发展和提高是极为重要的。具体来讲，现在的义务教育阶段的数学强调从学生已有的生活经验出发，让学生亲身经历，将实际、抽象、难解的数学题目进行解释与应用的过程，从而使学生在掌握数学知识的同时，在各个方面都得到良好的发展。下面就从四个方面探讨分析数学教育的意义。

一、学习数学可以使学生智力结构得到发展

智能结构是数学教育所培养和形成人的素质中的主要组成部分。学生通过数与计算、空间与图形、量与计量、统计与概率、方程与关系等各方面的学习，来观察和了解现实世界，充分认识到数学是从人类实践活动中产生和发展起来的，同时又广泛地应用于实践。例如，一位数学教师在给学生传授"二次根式加减法"的时候，重点让学生明确二次根式加减法的前提条件是找同类二次根式，只有同类二次根式才能进行加减运算。

思维品质是智能素质的内核，其表现为思维的灵活性、严谨性、批判性、广阔性及创造性。

灵活性表现为不过多地受思维定式的影响，能够准确地调整思维的方向。因此，我们在教育教学的过程中通常提倡的是一个问题用多种方法解决，也是培养思维的一个途径。例如：在学习了平行四边形判定定理1（两组对边分别相等的四边形是平行四边形）和判定定理2（两组对角分别相等的四边形是平行四边形）后，要证明定理3和定理4的时候就可以采用定义证明法、定理1或定理2多种方法进行证明。

严谨性表现为考虑问题细心，有理有序。在数学中问题的解决可以用直观法，但应当鼓励学生不停留在直观的认识水平上，可以运用合情推理。但一定要注意紧密计算、有理有据、逻辑性强。

批判性指对有的数学表述或定理论证敢于提出自己的看法，而不是毫无目的、一味盲从地接受。

广阔性指一个数学事例或问题能够做出多方面的解释，能用多种形式表达、解决问题。例如，要描述两直线平行可以从多方向进行解释定义：第一，文字表达：直线 m 平行于直线 n；第二，数学用语：m/n。

创造性指思维活动的创新程度，分析解决问题时的方式、方法和结果的新颖、独特。善于发现和解决延伸问题，是创造性思维的一种体现。

这样看来，这些良好思维品质的形成，必须逐步提升为一种创新意识和创造能力，对数学教育，特别是中学生数学教育，有着极大的意义。

二、感知数学可以增强学生自身的审美意识

自古以来，数学就吸引着人们的注意力，不同于自然美和艺术美，数学是一种理性美，没有一定的数学素质。是无法体验发现到的。勾股定理以一个简单整齐的形式表达了一切直角三角形边长之间的关系，其解法与概括给人以美的享受；黄金分割点，出现的比例关系，提升了穿衣的美感，令人赏心悦目。

还有许许多多数学命题结构上的对称，给人以最好的启发，这些都是数学的美。所以说，感知数学、学习数学能够增强学生的审美意识。

三、新课标下初中数学教学的育人功能分析

新的课程标准把德育教育放在十分重要的地位，并指出结合数学教学内容和学生实际对学生进行思想品德教育，逐步树立科学的世界观和人生观是数学教学的一项重要任务。这充分说明了德育教育在整个教育教学中的重要地位，也对新课程标准下的数学教育提出了新的挑战。

（一）以"数学史"来育人

每一项数学成果是一部动人的史话。数学史是几千年人类文明史的一个重要组成部分，和其他自然科学相比，数学有其独特之处。可以说，数学是积累的科学，它本身就是历史的记录，或者说，数学的过去融化在现在与未来之中。通过学习数学史料和数学史知识，能使学生开阔视野、启发思维、增加学习兴趣。尤其是我国古代数学家取得杰出成就的故事，更是一部弘扬爱国主义精神、催人奋发的好教材，可以激发学生的民族自尊心和民族自豪感。

（二）以"数学美"来育人

数学不能立刻唤起人们的美感，不能一眼就看出它的审美价值：特别是对中学生而言，他们受阅历、知识水平、审美能力等条件的限制，很难把审美的真正意蕴充分体会出来，这就需要我们不断地深入采撷审美内容，不失时机地加以引导，使他们领略到数学中的内蕴的一种独特美的品质。这对于开发中学生的非智力因素的领域、培养创造美感、发展智力品质、造就一代合格人才，会起到不可估量的作用。

数学中处处存在美，只要认真挖掘就可以发现相当可观的美育资源。一些学者把数学美归结为简洁美、对称美、和谐美和奇异美。

1. 简洁美

宏观而言，人们在日常生活中，常以"成千上万"来形容多，再多就是"百万""千万"，更多则是"亿万"。可是，数学能做出更简洁也更明确、更有力的表示。从微观来说，日常语言之中，"失之毫厘，谬以千里"，用一毫一厘来形容微小，还有形容体积之小的、时间之短的、距离之近的，但是没有比"10⁻¹⁵""10⁻⁴⁵"这样一些表达更能说明问题，更简洁、明了。

2. 对称美

在日常生活中，我们可以看到许多对称的图案、对称的建筑物，绘画中也往往运用对称的手法。在几何图形中，有所谓点对称、线对称、面对称，球形既是点对称的，又是线对称的，还是面对称的。

3. 和谐美

统一、和谐，这是数学美的又一侧面。对称也可说是和谐的表现之一，但统一、和谐有更广泛的表现。矩阵、行列式在代数中起多方面作用，它在几何研究中也起作用，它把几何图形的某些内在联系揭示得更清楚，这是代数与几何和谐、统一的进一步表现。

4. 奇异美

数学中的奇异是吸引许多人喜欢数学的原因之一，奇异有时与稀罕联系在一起，人们也因此特别愿意考查它、了解它、研究它、欣赏它。

课堂教学中通过精辟的分析、形象的比喻、巧妙的启发、严密的推理以及生动的语言、精心的板书等诸多方面体现数学中美的神韵，让学生得到美的熏陶和享受。因此，教学时要及时抓住时机，有针对性地点拨引导，让学生学会对数学美的鉴赏。从某种意义上讲，任何一个数学问题的解决过程都可以看成是一个审美、赏美的过程，学生在其中感受到了愉悦，完善了品德。

（三）以唯物辩证法来育人

数学是研究空间形式和数量关系的一门科学。虽然在纯粹的数学知识中，并不带有明显的德育色彩，但我们知道唯物主义和辩证法是科学世界观的核心部分，而任何数学知识的形成都离不开对客观世界的探索。例如：正与负、有限与无限、常量与变量、函数与反函数、数与形都是灌输对立统一、否定之否定、量变与质变等辩证思想的极好教材。同时，实数与虚数的关系亦如此，它们既对立又互相依存，没有虚数就无所谓实数，它们又统一于复数 $a+bi$ 之中。而且在一定条件下，实数与虚数可以互相转化，实数 b 乘以 i 转化为虚数，虚数 bi 再乘 i 又转化为实数。客观世界是一个运动、变化、发展的对立统一体，作为反映客观世界数量关系变化规律性的数学，必然充满着辩证法。因此，中学数学中蕴涵着极其丰富的唯物辩证法因素。以正确的观点阐述教学内容，不仅有利于学生对数学知识的掌握，而且有助于科学世界观的形成。

（四）以数学的严谨性育人

数学是逻辑性很强、思维高度抽象的学科，数学中一些概念的界定、法则的运用、结果的验证都有相当严格的要求和规定。在数学中经常接触的是数字和图形，数字不能有一点错、图形要力求完美、符合要求，这些要求都要促使学生严格要求自己，凡事都要认真仔细，干工作要有条有理，对计算结果要负责任。因此，学生学习数学的最终目的绝非单纯是为了获得相关的知识，更重要的是通过学习接受数学精神和思想方法，将其内化成自己的智慧，使思维能力得到提高、情操修养得到陶冶，并把它们迁移到工作、学习和生活的各个方面。

总而言之，一个全面发展的人，既应掌握丰富的知识，又应具备高尚的人格。寓德育于数学教学之中，要求自然渗透、隐而不露，提高渗透的自觉性、把握渗透的可行性、注重渗透的反复性。结合学生思想实际和知识的接受能力，点点滴滴、潜移默化，以达到德育和智育的双重教育的目的。

第三节　初中数学教学设计的发展

初中数学是培养学生逻辑能力和思维能力的重要课程，教学设计作为初中数学教学的主要方法，需要不断优化和改革，使其更加适应新课程改革标准下初中数学教学目标和要求，提高初中数学教学整体水平和质量。素质教育理念下对当前初中教学设计提出了更高的要求，即教学设计要以学生为主，围绕学生数学学习需求，提高学生数学学习自主性设计教学方案，让学生掌握相应的数学思想。

一、初中数学教学设计的发展现状

"数学是一门理论与实践相结合的课程，很多学生感觉初中数学知识难以理解，十分抽象，这就导致学生初中数学学习效率低，学生数学整体学习水平不高，如何提高初中数学教学质量，成为当前数学教学改革的重点内容"[①]。随着新一轮课程改革的开始，我国教育部明确要求初中数学要实现生活化教学，然而在实际教学过程中，教师并没有意识到教学目标的改革，依然采用传统的教学设计思路，其主要表现在以下方面：

第一，教学设计目标不明确。当前初中教学受传统教学思想的影响，在教学过程中过于依赖教材大纲和课本教材，教学设计具有明显的局限性和片面性，即教师只针对本节课的内容和知识点设计教学环节，忽略了数学知识的整体性。

第二，教学设计内容单薄。教材是初中数学设计的前提和重要依据，当前初中数学教学设计整体面临着相同的境遇，即教师对教材内容理解和把握不够深刻，对教材内容缺乏整体的认知，这就导致各单元教学设计环节缺少必然的联系，无法帮助学生构建完整的知识体系。

第三，教学设计脱离现实。受传统应试教育思想影响，初中数学教师在教学过程中过于重视学生理论教学，忽视学生实践教学，对学生整体学习情况和学习能力掌握情况不够，教学设计内容没有结合学生实际学习需求，教学设计目标不明确，此外初中数学教学设计中缺乏和学生的互动交流，导致课堂气氛沉闷，难以激发和调动学生数学学习兴趣。

二、初中数学教学设计的发展方向

教学设计是初中数学课堂教学的重要环节，优化教学设计对提升初中数学课堂教学水平有着重要的作用，为此教师要了解和学习教学设计的精髓，正视当前初中数学教学设计

---

① 赵欣. 优化初中数学教学设计策略探讨 [J]. 知识文库，2018（20）：146.

中存在的各种问题和弊端，主动寻求和探索与新课程标准相适应的教学设计方案。

（一）树立正取的教学设计意识，明确教学设计目标

初中数学作为课堂教学的重点课程，需要教师进行合理的教学设计，当前部分初中数学教师没有意识到教学设计的重要性，导致课堂教学混乱，效率不高，为此树立正确的初中数学教学目标是当务之急，教学设计需要以教学目标为基础。新课程初中数学改革标准中明确提出教学目标要具有整体性、具体性和过程性等特征，作为初中数学教师首先要对教材内容有着整体的认知，能够通过建立完整的框架将数学知识串联起来，引导学生树立良好的数学学习思想，培养学生数学思维；其次明确教学目标，通过学习教育部颁发的教学大纲，对初中数学教学目标有着清晰的认知，并将其融入教学设计中；最后教学设计还需要注重教学环节布局，合理分配课堂教学时间，规范课堂教学行为，在有限的课堂教学时间内完成既定的教学目标，实现课堂教学效率最大化。

（二）创新教学设计方案，构建丰富的课堂教学活动

优化教学设计不仅要从理论和思想上进行改革，更加需要落实到具体的教学过程中，将教学设计转化为实际的教学活动，真正发挥教学设计的价值和作用，如何优化初中数学设计，需要引起教师的关注。一方面教师要认识到学生是课堂教学的主体，依据学生实际学习情况，制定合理的课堂教学设计方案，尽可能满足学生不同的学习需求，提高课堂教学质量和水平；另一方面教学设计还需要包含新的教学活动，如在进行立体几何面积计算教学时，教师要引导学生展开联想，帮助学生构建良好的空间想象力，从而达到事半功倍的学习效果，让学生感受数学学习乐趣。

（三）完善教学评价机制，提高数学教学设计的质量

数学作为中学生学习的难点课程，教师不仅要重视课堂新知识教学，还需要加强和巩固学生已学知识，帮助学生做好课后练习，为此教师需要将复习纳入初中数学教学设计中，教师需要通过课堂提高、试卷测试等方法，掌握当前学生数学学习整体水平，并找出学生学习的薄弱环节，开展有针对性和目标性的教学计划，从而提高学生整体学习水平，让数学知识真正能够为学生所用，培养学生数学生活化能力。例如，在进行"二元一次方程组"教学时，教师可以先提出一元一次方程的解题思路，让学生通过推导和类比思想，进行自我探索，总结出二元一次方程组的解法规律，以此培养学生的数学思想和数学意识，同时教学设计评价机制还需要对学生的后续学习进行统一的管理，引导学生做好课后复习，培养学生数学学习思维。

综上所述，优化初中数学教学设计是提高课堂教学质量的前提和基础，教学设计能够对教学目标、教学内容和教学方法进行明确的规定，规范教师课堂教学环节，素质教育理

念下，教师要进一步认识到数学教学设计的重要性，从学生实际学习需求出发，融入生本教学设计思想，培养学生良好的数学学习习惯，提高学生数学学习能力，为学生今后深入学习数学奠定扎实的基础。

第二章　初中数学教学设计的内容体系

第一节　初中数学教学设计要素与方式

一、初中数学教学设计要素

数学教学设计没有统一的模式，教师可以根据教学内容的不同，设计出不同的教学方案。即使是同一内容，不同的教师所设计的教学方案也可能不同。但不管如何设计，都必须考虑教学设计的基本要素。

第一，教学对象。学生是数学教学的对象，是数学学习的主体，教学设计就是要以学生为中心来展开一切教学活动。在进行教学设计前，教师必须全面、深刻地把握学生的状况，包括学生对将要学习内容的已有经验与认知水平、学习的心理状态和学习的环境等因素。

第二，教学目标。每一个教学设计都要设计好教学目标，作为教学的指南、检测的基本标准。一般而言，每一个教学设计的教学目标，包括知识力、情感与态度这三个方面。在制定教学目标时，不能定太多，不切实际。事实上，一个教学设计要达成很多目标是不可能的，只要有一个基本目标能够实现就已经达到目的。

第三，教学策略。数学教学设计必须解决如何教学的问题，包括教学方法、教学过程（问题的设置、学生活动的安排等）、教学媒体等内容的设计。

第四，教学评价。判断一个教学方案是否科学合理，是否取得了预期的教学效果，就需要对设计的方案进行评价。评价一般放在方案实施以后进行，可以是自己评价，也可以是同行评价。在评价的基础上再进行修改，作为以后教学的参考资料。

二、初中数学教学设计方式

数学教学包括"教"与"学"两个方面的意义，数学教育的目标最终要通过学生的学习来达到。在数学教学活动中，学生的活动处于主体地位，"随着新课程改革的不断深入，学生学习主体地位得到进一步巩固，而学生之间存在的差异性是教师在教学过程中必须要面对的问题"[1]。当教材、教学手段、教学方法确定以后，学生的数学素养就取决于他们是如何学习数学的。因此，探讨学生学习数学的特点与规律，对提高数学教学质量非常重要。

科学教育中最难的问题，也是最核心的问题是教育科学的基础理论，即人的知识和应

---

[1]　孔垂斌. 初中数学教学设计中应用差异教育的实践 [J]. 学周刊，2021，No.473（17）：89.

用知识的智力是怎样获得的，有哪些规律。解决了这个核心问题，教育科学的其他学问和教育工作的其他部门都有了基础，有了依据。数学教育的核心问题是学生的数学知识、能力是怎样获得的，有哪些规律。根据现代学习理论，初中学生学习数学离不开两个方面的支持：动——在做中学数学，静——在教中独立思考学数学。

（一）初中数学的学习特点及类型

学生的学习是在教育情境中，依据一定教育目标进行的，它是人类学习的一种特殊形式，具有与人类一般的学习共有的规律，但也有数学学习的特点。研究学生学习数学的特点，是为了更好地实施教学。

1. 学生数学学习特点

数学学习是根据教学计划进行的，它是一个在教师的指导下获得数学知识、技能和能力，发展个性品质的过程。数学具有其自身的特点，所以在学习数学时，必然有与其他学科不同的特点。首先，数学具有逻辑的严谨性，用完善的形式呈现在学生面前而略去了发现的曲折过程，因此给学生的再创造学习带来困难。数学教材是以演绎系统展开的，学习它需要有较强的逻辑推理能力。所以，学生学习时要思考知识的发生过程，掌握推理论证方法等。其次，因为数学是高度抽象概括的理论，比其他学科知识更抽象、更概括，而且数学中使用了形式化、符号化的语言，因此数学学习更需要积极思考、深入理解，需要较强的抽象概括能力。最后，因为数学学习与其说是学习数学知识，不如说是学习数学思维的活动，所以数学学习中教师对学生思维的启发与引导更为重要。

根据数学学习的特点，结合初中学生的认知规律，可以探讨初中学生学习数学时的一些特点如下：

（1）初中学生的数学学习过程是解决问题的思维活动过程。

首先，数学是思维的产物，任何数学知识都是思维的结晶。学习数学的过程，自始至终都是数学的思维活动过程。离开了思维活动，也就无所谓数学学习。学习数学的过程，就是从一种思维结构过渡到另一种思维结构的过程。数学这个术语本身就表示一种思维活动，而数学的教与学从根本上而言，就是数学思维活动的教与学。

其次，问题是数学的心脏，是数学发展的动力。数学科学正是从现实世界或现有数学理论中提出的无数问题受到启示，获得推动，得以前进，得以发展。新的数学思想、新的数学方法，也正是在解决问题的过程中发生、形成、深化并得到验证。古代的数学名著《九章算术》就是一本问题集，记载了当时世界上领先的分数四则比例的算法，以及线性方程组的解法。从某种意义上而言，学习初中数学的过程，也是不断地提出问题，解决问题的过程。

最后，从问题与思维的关系来看，问题对于思维活动的全过程，从思维的点火、启动到定向、展开，直至问题的解决，即思维成果的获得，都起着决定性的影响。离开了问题，也就无所谓数学的思维活动，至少是没有专注的、积极的思维活动。正因为思维与问题有着密切的联系，问题性是思维的本质属性之一。初中学生天性好奇、好问，新颖的问题可以激起他们思维的热情，恰当的问题可以引导他们思维的方向。显而易见，问题对于初中数学教学过程中的思维活动，还具有教学法上的意义。

要让学生在问题世界里生活，数学在这方面是很有优势的。教师要在每一节课中，设计出有思考价值的问题，作为学生学习数学的材料，那么学生的思维能力经过这样的锻炼，必定会有很大的提高。

（2）初中生学习数学是直观的，实验的探究过程与简单的推理过程是融为一体的。数学是讲究形式化与符号化的，因而显得抽象，这是科学的数学。即使是科学的数学，单靠逻辑演绎也难以推出多少新的数学思想与新的数学方法，还必须需要敏锐的观察、丰富的联想、大胆的试验，才有新的发明与创造。数学上许多猜想及重大发现，都是借助非逻辑的手段来完成的。所以，数学既是演绎的科学，又是实验的科学。

数学学科特点的双重性，反映在数学学习中，应当重视并且有效地运用观察、实验、猜测、归纳、推理等更为一般的科学方法，作为演绎推理的先导与支持。事实上，在学习数学过程中，学生经常会产生"这个方法是怎么想到的"诸如此类的疑问，这正是学生的探究欲望和学习积极性、主动性的表现，教师应当加以鼓励。数学学习不能从概念到概念，从理论到理论，而是需要生动的直观背景，以利于学生感知数学概念，理解数学思考的过程。更何况学校数学与科学的数学也有区别，学校数学是普通的生活常识，并没有科学数学那么严格与抽象。关于这一点，教师们一定要弄清楚。有些教师将一些简单的数学内容复杂化了，从而增加了学生学习的困难。

初中学生的思维正处在由直观形象思维为主向抽象思维为主的过渡阶段。他们学习数学时，大体上呈现"直接感知—表象概念—概念系统"的认知过程。在这个过程中，必须充分运用直观，借助实验形成完整的知觉，积累丰富的表象，为抽象思维提供依托和支柱。初中数学学习中的直观，包括实物直观、模象直观和语言直观。这些直观方式是强化感知效果，建立表象，进而沟通形象思维与抽象思维的主要手段，也是体现数形结合思想方法的重要媒介。

实物直观是在接触、感知实际事物的基础上进行的。如教空间图形，教师就要指导学生观察周围的几何体，在充分感知这些物体形状的基础上，抽象出概念。教长方体的侧面展开图时，可以让学生亲自动手用纸板做一个长方体，并且能够沿着不同的棱展开。只有经历这样的过程，学生才会对长方体的侧面展开图有一种感性的认识。模象即事物的模拟性形象，它是实际事物的模拟品，而非实际事物本身。所谓模象直观即通过对事物的模象的直接感知而进行的一种直观方式。各种图片、图表、模型、幻灯片等的观察和演示，均属于模象直观。

初中数学中的模象直观相对实物直观而言，具有一定的抽象性，因而有利于有关表象的概括性，有利于形象思维与抽象思维的相互转化、相互促进。语言直观是通过学生对言语叙述对重的回忆、想象和思维进行的。初中数学教学中的实验，与物理、化学、生物等学科的实验有所不同，实验的对象是图形、数据、算式等思维材料。数学既需要实验，也需要观察。许多问题都是通过实验得出来的，如哥德巴赫猜想、角谷猜想、欧拉公式等。初中数学学习中，教师要引导学生通过实验发现数学的结论，得出自己的见解。

操作演示是运用某些具体的物质材料进行的实验。例如，在圆的教学时，首先用一块硬纸板和一张薄的白纸分别画一个半径为 3 厘米的圆。把白纸放在硬纸板上面，使两个圆的圆心重合，用一根大头针穿过这两个圆的圆心，让硬纸板保持不动，让白纸绕圆心旋转任意角度，观察旋转后，白纸上的圆是否与硬纸板上的圆重合。由此，学生直观地感受到：圆是旋转对称图形，即圆绕圆心旋转任意角度，都能与自身重合，并指出：这是由于圆是由一个动点，绕一个定点旋转一周所形成的缘故。接着在白纸的圆上画任意一条直径，把白纸沿着这条直径所在的直线折叠，观察圆的两部分是否互相重合。由此猜测：圆是轴对称图形，任意一条直径所在的直线都是圆的对称轴。然后证明这个猜测是正确的。举例归纳是通过对一些典型实例的观察，以不完全归纳法得出结论的实验。

以上特征是初中学生学习数学的主要特征，当然还有一些特征，这就需要在教学过程中，教师很好地把握。如引发学生学习数学的兴趣，加强数学学习习惯的培养等。我们只有把握好学生学习数学的特征，才能有的放矢地实施教学方案，达到预期的教学效果。

2. 学生数学学习类型

关于学习的分类，在学习心理学中存在着各种不同的分类方法。如按学习目标划分，把学习分成六类：知识学习、理解学习、应用学习、分析学习、综合学习和评价学习；从认知过程出发，把学习分成三类：符号学习、概念学习和命题学习；根据学习水平的高低以及学习内容的复杂程度，把学习分成八类：信号学习、"刺激—反应"学习、连锁学习、言语联系学习、辨别学习、概念学习、原理学习、问题解决学习。从学生不同的智力特点出发，可以将学习分成三类：知识学习、技能学习和问题解决学习。也有些学者从学校教育实际出发，依据学习的内容和结果，将学习划分为：知识的学习、动作技能的学习、智慧技能的学习、社会行为规范的学习。由此可见，出发点不同，学习就可以分成各种类型。

数学学习是一种特殊的学习。如果根据学习的深度，则可把数学学习分为机械学习和有意义学习；如果根据学习的方式，则可把数学学习分为接受学习和发现学习，若相互配合，则可出现多种学习方式；如果按学习内容来分，则可分为数学知识的学习、数学技能的学习和数学问题解决的学习等。

（1）接受学习与发现学习。机械学习与有意义学习是根据学习的深度来区分的。如果根据学习的方式来分，学生的学习又可分为接受学习和发现学习两类。接受学习指学习的全部内容以定论的形式呈现给学习者的一种学习方式，即把问题的条件、结论以及推导过程等都叙述清楚，不需要学生独立发现，只要他们积极主动地将新知识与已有数学认知结构中适当的知识相联系，进行思维加工，然后，将新知识与原有知识融为一体，以备进一步学习和应用之需。而发现学习的主要特征是，不把学习的主要内容提供给学生，它必须由学生独立发现，包括揭示问题的隐蔽关系，发现结论和推导方法。当然，这要对提供的信息进行分解和重新组合，使它与已有的认知结构中的适当知识相联系。

（2）机械学习与有意义学习。学生学习数学，主要是掌握前人积累的数学知识，而这些知识是用语言文字符号来表示的。学生只有经过积极思考，正确理解这些符号所代表的数学内容，才能将其转化为自身的精神财富。如果某学生在学习时，不理解一些符号所表示的意义或方法，仅记住这些符号的组合或词句，属于机械学习数学知识具有逻辑性、系统性，并具有丰富的思想方法，所以数学学习基本上是有意义学习。诚然，在数学学习中，也不能排斥机械学习，在某些情况下还是需要。为了帮助学生记忆，可以利用口诀或图表。如特殊角的三角函数值同角的三角函数关系，只要记住了，对解直角三角形是很有帮助的。因此，在教学中，要求学生记住。当然，其中有机械学习，也有意义学习，可以记住一部分，另一部分则通过推导得出。

有意义学习要靠理解。这里所讲的理解，是指符号所代表的新知识与学生头脑中已有的适当的知识（概念、原理、公式、定理等）建立了非人为的（非任意的）和实质性的（非字面的）联系。人为联系就是符号所代表的新知识同原来知识的联系。例如，要使"幂"的概念学习成为有意义学习，就要把"幂"与乘方、指数、底数等概念建立联系。所谓实质性联系，指用不同语言或其他符号表达同一认知内容的联系。

（3）数学认知结构与有意义学习过程。学习新知识要与原有认知结构建立联系。认知结构就是学习者头脑里的知识结构，它是从教科书以及课堂教学的知识结构转化而来的。曹才翰、蔡金法先生所著的《数学教育学概论》中指出，所谓数学认知结构就是学习者将头脑里的数学知识按照自己的理解深度、广度，结合自己的感觉、知觉、记忆、思维、联想等认知特点，组合成的一个具有内部规律的整体结构。

学生学习数学时，都以原有的数学认知结构为依据，对新知识进行加工，如果新知识与原有的数学认知结构中适当的知识相联系，那么通过新旧知识的相互作用，新知识就被纳入原有的数学认知结构，从而扩大了它的内容。这一过程称作同化。如果新知识在原有的数学认知结构中没有适当的知识与它联系，那么就要对原有的数学认知结构进行改组或部分改组，进而形成新的数学认知结构，并将新的知识接纳进去，这个过程叫作顺应。

例如，学习分式除法法则，法则是将除法变为乘法，将除数变为它的倒数。学生先要理解分式除法的意义，使除法变为乘法，这是同化的过程。学习用字母表示数，实质上是一个顺应的过程。因为算术和代数的不一致性，在学生的算术认知结构中就没有适当的知识可用来加工新知识，所以只有改造算术认知结构，通过字母表示数的学习形成新的数学认知结构，以逐渐适应代数学习。

如果数学学习是数学认知结构的建立、扩大或重新组织的话，那么同化就是改造新的学习内容使之与原有认知结构相吻合；顺应则是改造原有的认知结构，以适应新学习内容的需要。有意义数学学习过程，即为数学学习的同化与顺应的过程。一般而言，学生学习数学，需要在原有认知结构中有适当的知识可用来加工新知识，并且能积极主动地进行一系列分析、综合的思维活动，以期获得新知识，并加深对旧知识的认识。

（二）初中数学学习方式设计思路

学习方式一般是指人们在学习时所具有或偏爱的方式，即学习者在研究解决其学习任务时所表现出来的具有个人特色的方法和形式，是学习者持续一贯表现出来的学习策略和学习倾向的总和。学习方式的含义可以这样理解：学习方式的实质是学习者喜欢的或经常使用的学习策略，反映了学习者对不同教学方式的偏爱以及学习倾向；稳定而独特是学习方式的本质特征。"稳定"指学习方式在长期学习过程中逐渐形成，很少因学习内容、学习环境等因素的改变而变化。"独特"指学习方式在学习者生理结构及其机能基础上，受到特定的家庭教育和社会文化等因素的影响，通过个体自身长期的学习活动而形成，具有鲜明的个性特征，因人而异。

数学学习过程必须强调学生主动参与，让学生在自己动手制作、探索、猜测等一系列活动中，感悟对数学知识的体验，理解和反思数学知识的形成过程。没有这样的过程，学生所得到的数学知识是机械的。因此，在"做中学数学"是很有意义的。

第一，"做中学数学"能使学生爱数学。数学的枯燥是很多学生所头痛的，要使他们爱上数学，必须根据他们好动、好奇的特点，给他们提供动手操作、实践探索的机会，满足他们的学习需要，促使他们产生对数学的兴趣。

第二，"做中学数学"可以帮助学生体会数学的思想方法和知识的形成过程。有人说"听过，会忘记；看过，能记住；做过，才能学会"。自己动手做数学问题比背诵、记忆数学题解肯定印象更深刻，体会更深入，收获更多。

第三，"做中学数学"有助于"不同的人在数学上得到不同的发展"。由于学生个体的差异，每个人学习数学的方式、进度等方面存在差别。让学生自己做，他们就可根据自己的实际情况，选择合理的学习方式，达到应该掌握的程度。

第四，"做中学数学"可以引导学生讨论数学。学生在做具有一定的挑战性的数学问题时，经常会发现自己的观点、做法与其他同学不同，可能引起争论。这时，每个学生就会产生要证实自己想法的欲望，开展相互交流。在交流过程中，他们又可感受别人的思维过程，改变自己一些不正确的认识，从而发展自己。

1. 在"教中学数学"

（1）在"教中学数学"的形式。在"教中学数学"指的是学生在数学学习中"学生教学生"，让学生相互传授知识，引导学生进行尽可能地互动式学习。这种学习方式，主要表现为以下形式：

第一，会解答某一数学问题的学生帮助不会解答的学生。在课堂上，通常是同桌的学生结成对子，互相辅导。多数时间是数学成绩好的学生辅导数学较差的学生，但有时数学较差的学生会想出一些好想法，提出一些问题，也能给数学成绩好的学生一些启发，起到相互促进的效果。这就需要教师引导学生善于提出数学问题，特别是一些富有挑战性的问题，供大家一起讨论。

第二，双人活动或相邻的四人活动，其中有的学生担当教师角色。充分利用学生同桌或相邻四人的位置优势，学生之间互相讨论某个问题的解答、某一个公式的推导过程，或者交流自己在研究小课题过程中的心得体会，畅谈自己的学习方法，还可以发表对某个内容的看法等。

第三，学生自愿组成几个人的小组，完成共同的学习任务。由于学生学习上的差别，有的学生就可充当教师的角色，促进完成任务有困难的学生学习，使他们能够达到学习的要求。

第四，在班级教学组织形式下，由学生扮演教师的角色，到讲台上给全班学生讲解学习的内容。这就要求学生知道所要教的内容的基本要求，对数学知识的理解比较深刻，能用自己的语言表达自己的意思。还要求学生对同学提出的问题，能够比较快地作出反应，能恰当地解答同学提出的问题。学生上台当小教师，最能吸引学生的注意力，能够收到好的效果。

（2）在"教中学数学"的措施。要使学生能够在"教中学数学"，教师必须采取相应的措施，以便解决学生在学习中的问题。

第一，建立新型的师生关系和生生关系。学生要有机会、有胆量去教同伴，教师必须是开明的，班级必须有融洽的教师与学生，学生与学生的伙伴关系。

第二，经常性地给予学生与教师同台教学的机会。为了给学生在"教中学数学"的机会，在课堂上教师可以将部分的活动，通过适当的媒体转换成贴近学生的活动，变为学生教学的形式。如教师边讲，学生在旁边操作学具模型、指点图像画出表格、写出书面解决公式等。有时要在课前告诉将要参与教学的学生，让他做好预习准备。

第三，鼓励学生参与教学设计。教师在准备课堂教学方案时，找几个学生要他们先预习，然后一起讨论怎样教才能使同学们学得轻松、愉快、有实效，例如选择什么教学方法是讲解、讨论，还是自学，是否要增加例题或习题。师生共同设计的教学方案，有时可以让参与设计的学生去教学。

第四，有选择地安排各个层次的学生教学生活动。学生教学生的层次是随时可以进行的，例如，个别问题解答的教学，在学生需要的时候就及时开展了。学生在数学学习的练习、应用和复习阶段也经常可以担当教师角色，提高同伴的学习效率。但有的时候，让学生教学要选择合适的课题，选择合适的时机，例如，在引进新的数学概念、定理时，在一个新章节开始时，在一些容易混淆或难以辨别的内容教学时，不当的导入或让错误概念先入为主，就会带来不良的后果，时间上学生也较难把握，因此要谨慎对待。而如果引进的内容与前期的内容相似，班上又能找到合适的学生担当教师角色，就可以尝试。

第五，让学生扮演教师角色需要一个培养时段。学生没有把握而要求他上讲台在全班展示自我的数学才能和表达水平，他没有可能产生恐惧感，导致失败，而在公众面前的缺乏心理准备的难堪会使其心理受到不良的刺激。在正式让学生到讲台上教学前，教师应该对学生进行适当的行为训练，目的是加快角色能力的获得。可以通过学生与学生谈论，相互对话时看着对方，大声说话；提出问题引起讨论；从简单的例子讲解或操作教具开始，以提高学生扮演教师角色的安全感。不主张过度使用物质奖励手段，鼓励学生上讲台。学生的学习方式还有许多，关键是教师要引导学生用适合自己特点的方式进行数学学习。只有这样的学习，才会有实际的效果。

2. 在"做中学数学"

要使学生在"做中学数学"，教师应该从以下方面进行指导：

（1）提供动手操作的机会。数学操作为经验的获得和理论的理解、升华及新学内容的内化创造了条件。在操作过程中，有意识的活动行为能帮助学生完成学习任务，提高认知质量。例如，在旋转变换教学中先让学生通过自己动手描画旋转前后的三角形，发现总结旋转不改变图形的形状和大小的特点，然后擦掉三角形的三条边，让学生找对应点，得出对应点到旋转中心的距离相等的结论。

（2）提供动手探究的机会。动手探究就是教师要设置可探究的问题，鼓励学生动手进行实验操作，从实验中猜测其中的数学原理，发现隐含的数学关系。学生在探究时，教师应给予他们充分的时间，不要急于得到一个结论，而是要让学生在各种情形中反复比较、实验、猜测，逐步逼近要得到的数学结论。

如在教"三角形三边关系"时，教师可让学生用事先准备好的小木棒动手拼三角形，看看不在同一直线上的任意三条线段能否"首尾顺次相连"，再与同伴交换木棒看是否有同样的结论，然后把自己最短的木棒截取一段看是否还能拼成三角形。学生动手操作后互相交流，归纳一共有哪些情况不能构成三角形。

在上述教学过程中，教师从实际问题入手，设计矛盾冲突，学生有求知的欲望，能发挥自己的聪明才智"动"起来，课堂也能活跃起来，还能够培养学生的创造性思维能力。

（3）提供动手制作的机会。数学有时候也需要动手制作，而且通过制作更能帮助学生解决问题。动手制作前先要想好制作的方案、选择材料、合理利用材料。有时还要反复试验，不断尝试、修改。在这个过程中，手脑并用，相互促进，学生会不断闪现出创造的火花，产生新的灵感，对自己制作出的产品既有成功感，也会自觉寻找与别人的差距，进一步改进自己的制作。

例如，做一个纸盒子。用一张长方形的纸，从四角各截去一个正方形，做成一个纸盒，看所做的纸盒子有多大。①首先是一张长40厘米、宽30厘米的长方形的纸，从四角各截去面积是25平方厘米的正方形，然后折叠起来并用胶水粘牢，做成一个开口纸盒。②算出自己所做的这个纸盒的体积有多大。③从四角各截去不同大小的正方形，将得到不同体积的大小纸盒。实验一下通过这种办法究竟能够得到多大体积的纸盒；把数据用表格统计起来，根据实验方法和实验结果写出一个简要的实验报告。像这样的一个制作，其实就是一次数学实验。学生通过实验就会发现怎么做时得到的纸盒的体积会最大，这虽然是一个难度比较大的函数问题，但是在学生的制作过程中，他们能够得到相应的答案。

（4）提供实际测量的机会。初中数学中关于测量的内容散见于全等、相似以及解直角三角形中，在学完这些知识后可以把这些内容串起来。例如可以设计一个这样的问题。公路的一侧有一口池塘，让学生设计一个测量方案，分别用三角形全等、相似的方法测量之间的距离，以及用解直角三角形的方法测量某一点到公路的距离。要求：①列出测量所使用的测量工具；②画出测量的示意图，写出测量的步骤；③用字母表示测得的数据。通过这样的活动，学生今后对于这一类问题就能融会贯通，对于具体的问题灵活采用不同的解题策略。

（5）提供用计算机做数学的条件。现代计算机技术的发展极大地影响着数学学习，计算机日益成为学生学习数学的工具，用计算机探索数学知识、解决数学问题日益受到重视。使用计算机做数学，可以用它探索数学规律，设计制作模型，绘制图形；用计算机语言，还可以解决问题。让学生用计算机做数学，要防止学生过于依赖计算机，从而抑制学生计算能力的发展和思维能力的提高。该用手工计算的问题就不能、也不宜用计算机。要让计算机在学生学习数学中发挥真正的作用，就需要教师正确引导，并且多做示范性的工作。

（6）让学生做一些小课题。人们常认为做课题研究是高深莫测的事，是研究人员的事，而中学生是难以完成课题研究的。其实，课题有大有小，有深有浅。让学生做一些简单的、力所能及的课题，对锻炼他们的思维能力是很有好处的。小课题在学生眼中并不小，可能还是大课题。做小课题也需要收集信息、处理信息、作出猜测，需要制订计划，需要想办法完成，更需要协作攻关。在做课题的过程中，学生可以享受到探索问题的艰辛后的痛快，提高自信力，锻炼品质。

（三）初中数学具体学习方式设计

数学知识大体上指数学概念（包括原始概念或基本概念）、数学命题（包括公理、定理、公式、法则）、数学方法（如等量代换、配方法）、数学史知识。学生学习数学知识，就是继承已有的数学精神财富，学习过程是一个复杂的、多阶段多层次的认识活动过程。不同的数学知识有不同的学习方法，学生掌握必要的学习方法对数学知识的掌握是非常必要的。

1. 数学概念的学习方式

数学概念的学习可分为以下两和基本方式：

（1）概念形成。概念形成是指这样的获得概念的方式，即在教学条件下，从六量具体例子出发，从学生实际经验的肯定例证中，以归纳的方法概括出一类事物的本质属性。概念形成的具体过程为：辨别一类事物的不同例子，概括出各例子的共同属性；提出它们的共同本质属性的各种假设，并加以验证；把本质属性与原认知结构中的适当的知识联系起来，使新概念与已知的有关概念区别开来；把新概念的本质属性推广到一切同类事物中去，以明确它的外延；扩大或改组原有数学认知结构。

在数学学习中，对于初次接触的或较难理解的概念，采用概念形成的学习方式，以减少学习上的困难。例如，圆的概念学习，可以采用的步骤为：第一步，让学生在生活实际中找出形状是圆的实际例子，如图案上的圆、杯子的口的形状、车轮的形状等；第二步，找出各个例子中的共同属性。所举的例子中的圆形都可找到一个定点（圆心）、圆上各点到圆心的距离相等（半径）；第三步，学生以第二步中明确的圆的本质属性为依据，辨别若干正反面的例子，如椭圆就不是圆；第四步，在以上各步的基础上，抽象、概括出圆的定义，并通过一些练习巩固对圆的认识，建立起新的数学认知结构。

（2）概念同化。学生学习直接用定义形式陈述的概念时，他们会主动地与其认知结构中原有的有关概念相互联系，相互作用，并领会新概念的本质属性，从而获得新概念，这种获得概念的方式叫作概念同化。在这一过程中，同样要进行积极的思考，但与概念形成有所不同。首先，要将新概念的本质属性与原有认知结构中的适当概念相联系，明确新概念是原有概念的"限定"，并能把它从原有概念中分离出来。其次，要把新概念与原有认知结构中的有关概念融合在一起，纳入认知结构中，以便于记忆和应用。

例如，学生在学习梯形的定义：梯形是一组对边平行，另一组对边不平行的四边形，他们就要主动地与自己认知结构中原有的概念（平行、四边形、四边形的对边）联系起来思考，认识到梯形是原有四边形中特殊的一类，从而明确它的内涵与外延，接着与原有的概念（平行四边形）区别开来，并相互贯通组成一个整体，纳入原有的概念（四边形）体系中。最后，通过例题的学习以及练习题的解答，加深对梯形本质属性的认识，使它在认知结构中得到巩固。

2. 数学定理的学习方式

数学中的定理、公式、法则等数学命题是由概念组成的，因此，学好数学命题，首先需要学好数学概念。当然，命题学习反之又可以加深对概念的理解。可见两者相互联系，不能截然分开。

（1）定理学习分类。定理学习的关键是获得概念之间的关系，各种关系的获得又依赖于新定理与原有认知结构中有关知识的关系。后者有三种：下位关系、上位关系和并列关系。如果原有认知结构中有层次上高于新定理的知识，那么新定理和原有认知结构中的有关知识就构成下位关系。例如，有关长方形的定理相对于原有认知结构中的有关平行四边形的定理而言，处于下位关系。反之，如果新学习的定理在概括程度上高于原有认知结构中的有关知识，这种关系叫上位关系。

如果新学习的定理与原有认知结构中的有关知识有一定联系，但既不能构成下位关系，也不能构成上位关系，新定理和原有认知结构中的有关知识的这种关系被称为并列关系。例如，不等式的有关定理与原有认知结构中方程的有关知识之间的关系是并列关系。与以上三种关系相对应，就有三种方式的定理学习，分别是下位学习、上位学习和并列学习。

第一，下位学习。在下位学习中，新定理可以直接与原数学认知结构中的有关知识发生联系，直接纳入原有的认知结构中，充实原有的认知结构。换言之，下位学习中，新定理和原有认知结构的作用方式是同化。例如，学完了一般平行四边形的有关内容后，学习菱形有关知识时就是下位学习。

第二，上位学习。上位学习是通过对已有概念进行归纳、综合与概括，改进原来的认知结构为新的认知结构而完成的。新定理中的概念之间的关系是通过归纳、概括比它层次低的有关知识而获得的。换言之，上位学习中，依靠的是顺应。如学习倒数时，学习者要对整数的倒数、分数的倒数、小数的倒数进行概括，改进原来的特殊数的认知结构，成为一般倒数的认知结构。

第三，并列学习。并列学习的关键在于寻找新定理与原有认知结构中有关知识的联系，使它们在一定意义下进行类比。例如，学习了方程的同解定理后，学习不等式的同解定理，就可以通过类比，建立两者之间的关系，让学生掌握不等式的同解定理。

总而言之，数学定理（公式、法则）的学习中，新定理的内容以特殊的方式作用于原有的认知结构，并结合原有的认知结构，形成新的认知结构。

（2）定理学习过程。数学学习应是有意义的接受学习和有意义的发现学习，其实质就是把数学知识结构（指教材）经过学生积极主动的思维活动，转化为他们头脑里的数学知结构。因此，在定理学习中，数学认知结构的建立、发展和完善，处于核心地位。

第一，打好基础，建立优良的数学认知结构。学习一门数学的新课程，或学习某一课程中与前面知识没有多大联系的新课题时，开始都会碰到一系列新的概念公理、思想方法，以及一些简单的、基础的定理、公式等，这些内容不可能被原有的认知结构所同化，只能从实例、模型或已有经验中抽象概括，形成新的概念、公理、方法等，从而建立起一个新的数学认知结构。

例如，平面几何入门阶段的学习，就建立新的数学知识结构过程是。这个新建立的数学认知结构，就是今后学习的基础，它的优劣直接影响以后学习的好坏，因此显得十分重要。事实上，学生学习平面几何起始阶段的情况，也可说明这一点。新建立的认知结构是后继学习的基础，它具有较高的抽象、概括水平，所以这些内容虽然简单，但学习的要求却很高，应引起特别注意。尤其是采用公理化方法编写的教材，这一点表现得更为明显。

第二，循序渐进，搞好命题学习，促进认知结构的良好发展。数学是一门系统性很强的学科，前后内容紧密联系，一环紧扣一环。在学习时，若某一环学得不扎实，认识模糊不清，就会直接影响认知结构的良好发展。如果不及时解决，那么继续学习下去就只能是机械学习，这时认知结构中出现的都是一些孤立的"点"，不仅容易遗忘，而且失去应用的价值，结果导致学习的失败。

在学习每一个定理、公式时，都要清楚地知道怎样一步步得出结论，运用了哪些概念、公理、定理或公式，使用的是哪些方法等。要知其然还要知其所以然，而不能只记住其条件和结论。命题学习过程是一个积极的思维活动过程，从感知定理的情境（信息输入），进入思维（信息加工），即与原有认知结构中适当的知识建立联系，相互作用，进行同化，然后把它纳入原有认知结构（存储），并使原认知结构得到发展。

在这思维活动中，既要理解证明过程，更要从中学习到数学的思想方法和解题途径。这对发展认知结构具有重要意义。例如，在圆周角定理的证明过程中所体现的分类、化归的方法等，就有积极的作用。因此，那种尽量缩短命题学习的时间来加快学习进程的做法是不可取的。

第三，精练所学知识，不断完善数学认知结构。数学认知结构也有一个形成、发展到完善的过程，它处于不断变化之中。并且，认知结构的大小也是相对的，大可以指整个中学阶段数学认知结构，小可以指到某章某节的认知结构，也可以指某部分内容的认知结构。因此，每到一个阶段，就要进行提炼、改善原有认知结构，提高抽象、概括水平，以便有利于今后的学习和应用。通常，阶段复习、学期复习就应起这个作用。

3. 数学技能的学习方式

技能是完成某种任务的心智或动作的活动方式，它需要通过联系才能形成。数学技能是在数学学习过程中，通过训练而形成的一种动作或心智的活动方式。例如，用圆规、直尺、量角器、三角板等工具画图，操作计算器或计算机，依运算法则进行运算，按步骤进行推理、论证等，它们都可以按照一定的程序和方式，一步步完成。这些活动方式都是数学技能。有了一定的数学技能，就能准确协调地、熟练地进行数学活动，完成一定的数学任务。数学中有关的数学技能，范围是很广的，可将其分为两类：第一，心智活动技能。如数的计算技能，式的恒等变形的技能，解方程的技能，推理论证技能，运用数学方法的技能等。第二，动作技能。如运用工具绘图的技能，测量技能，使用计算工具（算盘、计算机等）的技能等。这里所说的"心智活动"，包括感觉、知觉、想象、思维等借助于内部语言在头脑中进行的认识活动。而心智活动技能是指顺利完成某些数学活动的心智活动方式。所谓动作技能则是完成某一数学活动所需的一系列外部可见的实际动作极其熟练程度。这两种数学技能既有联系，又有区别，在数学活动中，有各自的功能，有时又必须联合发挥作用。例如测量物体高度这样的活动，不仅需要动作技能，还要心智活动技能。一方面，心智活动技能的形成，与动作技能有关；另一方面，动作技能又受心智活动技能的控制。

数学技能的学习，就是将一连串动作方式或心智活动方式，经练习而形成熟练的、自动化的反应的过程。它一般需要通过传授与练习来完成。在这一过程中，动作技能或心智活动技能是客体，传授者与练习者是主体。

（1）数学动作技能学习过程及特点。教学心理学认为：动作技能的学习可分为四个阶段：认知、分解、定位、自动化。就数学动作技能的学习而言，在认知阶段中，学生要了解与某种数学技能有关的知识、性能与功用，了解动作的难度、要领、注意事项及动作进程。换言之，认知的内容包括知识和动作两方面；认知阶段乃是教师讲解示范，学生观察、记忆、想象。

在分解阶段中，教师把整套动作分解成若干个局部动作，让学生逐个学习。所谓动作定位，就是在完成分解动作的基础上，将整套动作的顺序通过多次练习而固定下来。自动化阶段是数学技能学习的最后阶段，在这一阶段，形成熟练的技巧。数学动作技能学习，特点包括：①数学动作技能的学习先快后慢，中间有起伏。经过"高原期"（学习成绩暂时处于停止上升的时期，在这时期以后，成绩仍会有提高）之后趋向熟练、稳定。②动作的控制，经历以视觉为主到以动作为主的交替过程。动作的熟练，依赖于反复练习、强化。③易受动机、情绪支配。

（2）数学心智活动技能学习过程。数学技能学习主要涉及的是数学心智活动技能。我们可把数学心智活动技能学习的过程分为以下四个阶段：

第一，认知阶段，即让学生了解并记住与技能有关的知识及事项，形成表象，了解活动过程和活动结果。这一阶段，实际上是知识学习、法则学习。因此，一般而言，数学教学中技能的学习是要以知识理解为其前提的，如果不理解，就较难形成与此有关的技能。

第二，示范、模仿阶段，即学生在教师的示范下，领会与理解数学技能，并根据教师的示范模仿进行数学活动，以获得数学技能。

第三，有意识的口述阶段，即学生进行某些活动时，自己进行言语表述，边说边做。而在这过程中，某种活动方式是明确意识到的。

第四，无意识的内部言语阶段，即学生不自觉地运用法则进行运算，运算过程的进行和运算法则的运用完全自如了。这一阶段，学生掌握了心智技能，对于技能所涉及的数学活动达到了熟练的程度。这时刺激和反应几乎同时发生，中间不用有意识的思考。

第五，数学技能学习的注意事项。一般而言，数学教学中技能的学习要以知识理解为其前提。但是知识的理解也不等于技能的形成，它必须通过练习才能获得。当然，在技能学习的过程中，也会促进知识的理解，并且在技能形成后，将十分有利于后面知识的学习，而成为以后学习的不可少的条件。例如，若除法掌握得不好，学习约分必然面临困难。所以知识与技能是相互促进的。

技能学习要经历一个从"会"到"熟"的过程，其间要通过有计划、有目的的练习，才能完成这一转变。要对形成哪些技能及其意义有明确的认识，对所需要的知识要清楚理解，这样才能产生学习的主动性与积极性。例如，对有理数乘法运算技能的学习，要以有理数乘法的意义和法则作为依据。

4. 数学思想方法学习方式

数学思想是数学活动的基本观点，数学方法是在数学思想指导下，为数学活动提供思路和逻辑手段以及具体操作原则的方法。数学知识是数学活动的结果，它借助文字、图形、语言、符号等工具，具有一定的表现形式。数学思想方法则是数学知识发生过程的提炼、抽象、概括和升华，是对数学规律更一般的认识，它蕴藏在数学知识之中，需要学习者去挖掘。

数学思想方法的学习，其意义在于促成由对于正确方法的盲目的、不自觉的应用向有意识的、自觉的应用转化。显然，这种有意识的、自觉的状态，最终必须通过学习者自身的创造性劳动才能实现，亦即必定有一个建构过程。数学思想方法的学习，贯穿于数学教学的始终。某种思想方法的领会和掌握，必须经过较长时间、不同内容的学习，不是靠几次课就能奏效的，既要通过教师长期的有意识的、有目的的启发诱导，又要靠学生自己不断体会、挖掘与深化。

数学思想方法的学习有一个潜意识阶段。数学教学内容始终反映着两条线，即数学基础知识和数学思想方法。数学教材的每一章节乃至每一道题，都体现着这两条线的有机结合。这是因为没有脱离数学知识的数学思想方法，也没有不包含数学思想方法的数学知识。在数学课上，学生只注意到数学知识的学习和知识的增长，而未注意到联结这些知识的观点以及由此产生的解决问题的方法与策略。即使有所觉察，也是处于似有所悟的境界。

数学思想方法的学习有一个明朗化阶段。在学生接触过较多的数学问题之后，数学思想方法的学习逐渐过渡到明朗期，即对数学思想方法的认识已经明朗，开始理解解题过程中所使用的探索方法与策略，也会进行概括和总结。当然，这也是在教师的有意识的启示下逐渐形成的。

数学思想方法的学习有一个深刻化阶段。数学思想方法学习的进一步的要求是深入理解与初步应用。这就要求学习者能依据题意，恰当运用某种思想方法进行探索，以求得问题解决。实际上，思想方法学习的深化期是进一步学习数学思想方法的阶段，也是实际运用思想方法的阶段。通过这一阶段的学习，学习者基本上掌握了数学思想方法，达到了继续深入学习的目的。在深化期，学习者将接触探索性问题综合题，通过解这类数学题，掌握寻求解题思路的一些探索方法。总而言之，改变学生学习数学的方式，是数学课程改革的重要问题。教师要靠自己的教学行为，才能改变学生的学习方式。

第二节　初中数学教学设计内容与过程

一、初中数学教学设计内容

（一）初中数学概念教学设计

数学概念是数学知识的基石，数学思想方法的载体。学生数学素质的高低在一定程度上与掌握数学概念有关。我国历来很重视数学概念的教学，并且在数学概念教学上总结了很多成功的经验。一般而言，初中数学概念的课堂教学设计包括以下三个过程：

1. 数学概念引入

引入数学概念是教学的开始。学生能否掌握好这个概念，与教师引入的艺术是密切联系的。因此，在引入数学概念时，要考虑以下因素：

（1）学习的必要性。在引入新概念时，教师应创设一个引入概念的情境，让学生在情境中领会概念产生的必要性。例如，一位老师先举几个相反意义的量的例子，再按下面的步骤引入"负数"的概念。课程改革特别强调学生在情境中学习，所以，每一个数学概念的引入都要尽量设计好一个符合学生实际的情境，使他们认识到学习的必要性，这是值得教师研究的问题。

（2）内容的实质性。在引入数学概念时，教师所选用的实例要反映概念的本质，不要让太多的无关因素干扰了学生学习的注意力，影响数学概念的形成。

（3）数量的适量性。在引入概念时，教师一般要举出一些例子，以便加深学生对概念的初步认识。有时，所用的例子数量不能太少，否则，学生难以从本质上感知概念的内涵。例如，教"函数"这个概念时，教师至少要提供三个实例供学生学习，学生才有可能从众多的事实中，得到函数的概念。

（4）实例的趣味性。教师在选用例子进行概念教学时，要注意例子的生动有趣，要能激发学生的学习兴趣。教师要尽量绉合学生的生活实际或者使用学生非常熟悉与非常感兴趣的问题作为例子。

2. 数学概念理解

在引入数学概念后，学生要理解与掌握概念，需要教师引导学生对概念进行实质性的学习，如能够辨别概念的本质属性和非本质属性，能够概括表达为数学语言，能够列举概念肯定与否定的例子等。要使学生比较深刻地理解数学概念。

（1）让学生"做"数学概念。数学是过程，是活动，学数学就是做数学，就是去解决一个问题，获得一种体验。学生在获得一个数学概念的初步印象后，需要进一步理解它，也就是需要一个体验的过程。这个过程就可以以"做"的方式来达到目的。

（2）运用正例与反例理解概念。引入一个数学概念后，教师可指导学生举出一些例子来判断验证和说明，从而加深学生对概念的认识。事实上，学生自己举例的过程，就是一个消化与理解的过程、一个内化的过程。这一点，在教学中，教师不能忽视。例如，学习了"梯形"概念后，要求学生举出是梯形与不是梯形的图形。教师根据学生的例子，特别应指出平行四边形不是梯形，因为它的两组对边分别平行，而梯形只能是一组对边平行，另一组对边不平行。

（3）在简单运用中理解概念。又数学概念的理解不是靠死记硬背能够奏效的，而是在运用中不断巩固与深化。因此，在完成概念引入后，可采用比较简单的练习题，将概念寓于练习题中，学生通过做题的形式来达到掌握概念的目的。例如，学了"一元一次方程"后，教师可出示一些判断是否为一元一次方程的判断题来加深学生对概念的理解。但切忌刚学概念，就练习比较复杂的概念题。因为这样不仅不能使学生掌握概念，反而会使学生产生畏难情绪，失去学习的信心。当然，在具体教学中，为了使学生更好地掌握数学概念，还有许多好的方法。方法的使用都要与学生学习的具体情况结合起来，灵活使用，才会有理想的教学效果。

3. 数学概念运用

在数学概念教学设计中，既要引导学生由具体到抽象，形成概念，又要让学生由抽象到具体，运用概念。学生是否牢固掌握了某个概念，不仅在于能否说出这个概念的名称和背诵概念的定义，还在于能否正确灵活地运用。数学概念运用的设计可以从概念的内涵和外延两方面进行。概念内涵的运用包括：第一，复述概念的定义或根据定义填空；第二，根据定义判断是非或改错；第三，根据定义操作；第四，根据定义推理。概念外延的运用包括：第一，举例；第二，辨认肯定例证或否定例证，并说明理由；第三，按指定的条件从概念的外延中选择事例；第四，将概念按不同的标准分类。

概念的运用可分为简单运用和综合运用。在初步形成某一新概念后通过简单运用可以促进对新概念的理解。综合运用是指一般在学习了一系列概念后，把这些概念结合起来加以运用，这种练习可以培养学生综合运用知识解决问题的能力。从教学论的角度分析概念教学的一般规律，概念教学一般包括：概念的引入（如旧知识引入、实例引入、计算引入、逐步渗透的方法等）、概念的揭示（用简单明了的语言进行概括，便于记忆和运用）、概念的理解与巩固（明确概念的内涵与外延）、概念的联系与发展（用发展、辩证的观点认识概念，明确概念之间的联系）、概念的应用（在应用过程中逐步完善认知结构）。

（二）初中数学规则教学设计

数学规则包括数学定理、法则、公式。数学定理、法则、公式是数学的重要内容，它们揭示了数学概念之间的内在联系，是经过推理论证得到的正确命题。我们将上述内容的学习，称为数学规则学习。数学规则学习是学生学习数学知识的关键环节。做好数学规则的教学，有利于巩固概念教学，也有利于学生解决新问题。数学规则教学是中学数学教学的关键环节，教师必须做好数学规则的教学，并使学生真正理解、掌握规则，才能提高数学教育的质量。

1. 数学规则教学的要求分析

面对数学规则，个体进行思维构造；通过新的数学规则内容与原有的数学概念网络、规则网络等认知结构的相互作用，个体将数学规则的潜在意义内化为个体心理意义，得到构造结果；构造结果在规则应用的活动中得到检验和修正，并逐步形成完整的清晰的数学规则，进而构造出稳固的规则网络，从而构建、充实和完善了个体认知结构。这就是数学规则学习的实质。

从数学规则学习实质可见，个体的"构造结果"是一种个体通过"自主活动"而获得的"个人体验""思维构造"，需要个体的"智力参与"与"非智力因素参与"。因此，中学数学规则教学过程必须具备"自主活动""个人体验""智力参与"和"非智力因素参与"这些特征。相应的，中学数学规则教学过程必须满足一些基本要求，以呼应这些特征，实现个体的意义学习；而不满足这些基本要求，教学过程表现出更多的机械学习的色彩。所以，这些基本要求是中学规则教学中所必须遵循的。

（1）理解与记忆相结合。理解规则，记忆规则，是数学规则学习过程中的重要步骤。没有对数学规则前提、结论、推导过程的理解，就无法掌握数学规则。缺少对数学规则的理解，学生学习规则时难免疏忽，运用规则时难免生搬硬套，即使记住了规则的言语信息，也不会使用，对数学问题解决帮助并不大。但是在数学规则学习过程中，要防止弱化重视记忆规则的倾向。

另外，掌握了规则的证明过程，就是掌握了相应一类数学问题的证明过程。从便于应用的角度看，掌握了规则的证明过程有着明显的现实意义。当然学生掌握规则的证明，不能依靠形式的死记硬背。为此，可以向学生提出一些问题来检查他们对规则证明的理解。例如，该规则的证明主要依据了哪些规则，证明中在何处应用了某一条件，辅助线是怎样添置的，证明的基本思想和关键有哪些等。总而言之，理解规则，记忆规则，是数学规则学习过程中的重要步骤。两者同等重要，不可厚此薄彼。在规则学习过程中，要确立理解与记忆相结合原则。

（2）构建数学问题情境。数学规则的学习过程也是一个数学问题解决的过程，规则学习也是在一定的问题情境中开始的。这要求教师根据规则的内容、学生的认知结构的水平，以及相关的学习规律，创造一个有利于规则学习的问题情境，以引起学生内部的认知矛盾冲突，激发学生积极、主动的思维活动。这时候，学生置身于数学规则的问题在于情境中，借助观察、实验或者归纳、类比、联想，乃至直觉，初步感知了或者猜想出某个数学结论，形成新的数学规则的言语信息。这时，大脑皮层处于高度兴奋状态，并产生进一步认识的欲望等。这时，思维活动最为积极和活跃，最容易取得好的效果。

在教学中，创设出数学规则学习的问题情境，有利于学生观察猜想，感知、接受，甚至形成数学规则的言语信息，为数学规则学习创建好起点；也为学生主动地分析、探索并提出解决问题的方法，检验这种方法以完成数学规则学习等思维活动，搭建了平台。在教学中，创设出数学规则学习的问题情境，也是掌握数学规则的必然要求。因此，在数学规则学习过程中，尤其是在规则学习的定位阶段、证明阶段，要构造情境。

（3）同化与形成相结合。规则定位通常采用两种形式，分别是规则同化和规则形成。规则同化形式，即教师直接给学习者展示要学习的新规则的言语信息，学习者先接受新规则的言语信息，然后再对这些信息进行加工。规则定位的另一种形式是规则的形成，即学习者通过考察规则的特例，然后抽象、概括出规则的过程。规则学习的探究性在规则形成阶段发挥着重要的作用。教师运用规则形成方式，与学生一起探究数学规则的言语信息时，学生的大脑皮层比较兴奋，主动性高，参与度高，从而容易提升规则学习效果。

因此，在初中数学规则定位阶段，要提倡采用规则形成的方式。特别是在规则同化形式（对应着接受式学习）被过度应用的背景下，尤其是在某些地区，规则同化形式被某些教师认为是唯一的规则定位方式的背景下，提倡采用规则形成的方式有着丰富学习方式、更新教学理念的功能。并不是任何规则都适合在课堂上发现。由于数学规则的前提条件比较复杂、结论比较抽象、学生的认知结构不完整等因素，某些数学规则的内容不适合学生在课堂上探究出来。例如，二次根式的化简与运算、基本的尺规作图、角的概念及各种表示方法等，学生很难探究出来。这时候，教师的引导讲授是必要的，而不能抛弃规则同化形式，盲目采用规则形成形式。

（4）探究与接受相结合。在规则证明阶段，要尽可能让学生自己独立思考，让学生自己去探究、去发现。恰当地使用探究方法能促使学生主动、积极地去学习。如果证明过程是由学生探究出来的，学生对证明过程的印象比较深刻，也容易理解规则的言语信息中的前提条件的作用，也就加深了对规则内容的理解和记忆，从而提升了规则学习的效果。同时，在探究过程中，一旦有所"发现"，学生便会为之激动，为之欣喜。很明显，学生发现了数学规则是如何被证明的，发现了数学规则的每一个前提条件的功能等，也就发现了愉快。体会到"发现"的愉快后，学生的学习兴趣大增，自信心更强。

因此，凡是学生自己容易探究出的规则证明过程，不必由教师来包办代替。否则，不仅是教师多费口舌，而且学生听起来索然无味。对于不那么困难的规则证明，教师可启发学生思考，力求让学生自己探究出证明方法。即使是对于比较复杂的规则证明，也不必由教师完全包办，而应当由师生一起进行活动，应当用分析法来做探究。必要时让学生自己思考并回答其中的某些步骤，让学生体会到"部分"愉快。至于安排何时何步骤让学生尝试"发现"，安排的权重等因素，应随着学生认知结构的状况进行调整。总而言之，要尽可能多地让学生参与，让学生探究。

当然，不可能任何数学规则证明的任何步骤都能由学生在课堂上发现出来，在必要的时候，教师也要果断介入，大胆使用讲授法。例如，证明切线的判定和性质时，学生刚接触圆的切线概念不久，难以入手。这时教师在适当引导后，宜采用讲授法。在规则证明阶段，让学生探究证明过程与让学生接受证明过程，二者同等重要，不可偏废一个。与在定位阶段要坚持同化与形成相结合原则的做法相类似，规则证明阶段要坚持探究与接受相结合原则。

（5）多角度与多途径证明。完成规则定位以后，学生对规则的正确性还没有认可。规则定位阶段，学生初步了解新的数学规则是如何规定的。那么在规则证明阶段，学生要明确为什么要这样规定，即明确数学规则规定的合理性和必要性。实现学习者理解接受规则的方法是对规则进行证明。在规则证明阶段，要引导学生反复探究，从多种途径、多种角度证明规则。这样，可以加深对数学规则的理解和记忆，有助于学生在不同的情境中运用数学规则解决问题，也有利于学生构建数学规则网络。

（6）构建规则网络。中学生不注意或不容易找到新学习的数学规则与已学过的数学规则间的内在逻辑联系，而把新规则看成孤立的结论，出现孤立学习数学规则的现象。其结果是学生对数学规则缺乏整本理解，所学数学规则彼此孤立，支离破碎，容易混淆，容易遗忘，在需要激活数学规则时，思维受阻。要避免这一问题的发生，教学中要确立构建规则网络原则。教师要注意引导学生比较规则之间的区别与联系，把所教的新数学规则放到已有的规则网络中去，让学生构建出学生自己的数学规则网络。

2. 数学规则教学设计的方法

根据数学规则学习实质和中学数学规则教学的基本要求，中学数学规则的教学设计可采用以下方法：

（1）变式。数学规则变式是指数学规则的变化形式，它有两个层面上的含义：第一，数学规则的等价变形产生的变式。例如，直线与圆的位置关系就有图形语言表达形式、文字语言表达形式和符号语言表达形式，符号语言表达形式是文字语言表达形式的一种变式。第二，已有规则的条件或结论进行适当改变而产生的变式。产生的变式可能是真命题，从而产生一条新规则；也可能是假命题。变式策略是指运用数学规则变式来加深学生对规则理解，使学生能准确运用、灵活运用规则的教学方法。

数学规则表达了若干个数学概念之间的关系。构成规则的若干个概念之间的关系，这些概念与认知结构中原有概念之间的关系，概念与规则之间的关系，规则与认知结构中原有规则之间的关系，都是既有联系又有区别。在数学规则学习过程中，重视规则变式的探究，有利于学生正确区分这些内容，实现认知结构的完整化和清晰化。

运用变式策略应当分两个阶段。第一阶段是变式的准备阶段，这一阶段的任务是确立规则的"标准"模式，即在规则的本质属性保持不变的同时，允许规则的形式和叙述可以不断变化，使学生能"套用""逆用""变用"规则。例如，"垂径定理"的教学，这一阶段的任务是学生能用文字语言"垂直于弦的直径平分这条弦"达其含义；会正向、逆向使用此规则。第二阶段是变式阶段，这一阶段的任务是引导学生对已有规则的条件或结论进行适当改变，产生若干个与原规则有密切联系的新命题。学生对新命题进行考察、探究，思考其真假性。像这样引导学生积极进行发散思维，从不同角度去思考规则，深刻领会与此规则有密切联系的知识，可使学生加深对规则的理解，促进知识的迁移。

对于两角和的正弦公式的学习，在确立了规则的"标准"模式之后，即完成准备阶段之后，可引导学生探究这一规则的变式：平分弦（不是直径）的直径垂直于这条弦，并且平分这条弦所对的两段弧；弦的垂直平分线经过圆心，并且平分这条弦所对的弧；平分弦所对的一条弧的直径垂直平分这条弦，并且平分这条弦所对的另一条弧；在同圆或者等圆中，两条平行弦所夹的弧相等。甚至可以考虑引导学生得出：一条直线，在下列五条中只要具备其中任意两条作为条件，就可以推出其他三条结论：平分弦所对的弧；平分弦所对的另一条弧（前两条合起来就是：平分弦所对的两条弧）；平分弦（不是直径）；垂直于弦；经过圆心。

教师通过不断变换数学规则的条件、结论以及条件与结论的次序，引申拓广，产生一个个既类似又有区别的问题，使学生产生浓厚的兴趣，在挑战中寻找乐趣，不时闪现出创造性思维的火花，品尝到"数学发现"的甜头，同时也进一步巩固了原有规则。适时用好变式策略，可为使用规则和吸收、同化其他规则材料提供理想的方法；规则的变式是对原先规则的推广，有利于个体整合和构建规则网络，有利于个体的认知结构的完整、清晰和稳固，也有利于规则的迁移。

（2）构建问题情境。构建问题情境策略是指通过引入适当的问题，构造出某种学习氛围，来引发学生内部的认知矛盾冲突，激发学生产生积极心理状态并进行积极主动思维的教学方法。创设问题情境的主要方式如下：

第一，创设应用性问题情境，引导学生自己发现数学规则。实际问题贴近学生，容易吸引学生的注意。同时，实际问题中蕴藏着很多数学规则。因此，利用好实际问题，比较容易使学生发现数学规则。例如，在教"不在一条直线上的三点确定一个圆"时，教师先发给每一个学生一张破碎了的圆形硬纸片，并且说："机器上的皮带轮碎了，为了再制造一个同样大小的皮带轮，请你设法画出皮带轮对应的圆形。"接着让学生用圆规、直尺、量角器等比比画画，进行实验，探索问题的解法。然后在实验的基础上，设置问题情境：过不在一条直线上的三点可以画几个圆？问题贴近生活，贴近实际，给学生创设了一个观察、联想、抽象、概括、数学化的过程。在这样的问题情境下，再注意给学生动手、动脑的空间和时间，学生一定会想学、乐学、主动学，把数学规则学得较好。

第二，创设惊奇性情境，出其不意，抓住学生注意力。创设一些与学生的认知结构不和谐或将学生认知结构运用于陌生情境中的问题，使学生在惊奇中迫切进入积极思维状态。

第三，创设直观性问题情境，引导学生深刻理解数学规则。教师可以通过实验、教具和多媒体设备直观地展现数学规则的产生过程，让学生身临其境，展开和实现思维活动。这样学生就亲自参与了发现数学规则的全过程，而能够深刻理解数学规则。例如，在平行四边形的基础上通过一个活动引入矩形：用四根两两等长的纸条和大头针，做成一个平行四边形。然后让学生用所学的知识解释这是一个平行四边形的原因（两组对边都相等的四边形是平行四边形）。接着让学生用运动的观点继续观察：四边形具有不稳定性；在四边形的推动过程中，边长始终不变；在推动的过程中，四边形是平行四边形。在推动过程中，平行四边形的内角发生了变化；内角是90°的时候，这时的平行四边形最特殊——这类特殊的平行四边形叫作矩形。这样不但引出了矩形定义，而且还让学生强化了知识之间的内在联系。

第四，创设趣味性问题情境，引发学生自主学习的兴趣。还可以在学生原有知识和经验的基础上，有意识地让学生陷入新的困境，引起认知冲突，唤起学生对新知识学习的欲望。此外，在规则学习过程中，还可以创设开放性问题情境，引导学生积极思考；创设新异悬念情境，引导学生自主探究等。

创设情境的方法很多，但必须考虑到数学规则的内容、学生的认知结构的水平，以及相关的学习原则等因素，要做到科学、适度。具体而言，基本要求包括：①要有难度，但这个难度必须在学生的"最近发现区"内；②要考虑到大多数学生的认知水平，应面向全体学生，切忌专为少数人设置；③要简洁明确，有针对性、目的性，表达简明扼要和清晰，不要含糊不清，使学生盲目应付，思维混乱；④要注意时机，情境的设置时间要恰当，寻求学生思维的最佳突破口。

（3）探究。探究指使学生主动探索数学规则、积极参与研究数学规则的教学策略。教师讲授规则，学生接受规则，当然不如教师引导学生依靠积极参与，主动探究，发现规则来得好。数学规则教学中吸引学生探究的主要方式是设计出恰当的问题。探究策略要注意：第一，教的转变。教师的角色从知识的讲授者转变为学生学习的组织者、引导者、合作者与共同研究者。第二，学的转变。学生的角色从学会转变为会学，对一些定理及其推论，并不是孤立地去记定理，而是观察它们的联系，探究本质特征，发现隐含于其中的一般规律，从而培养学生运动、变化、发展的辩证唯物主义观点。第三，教学目标的转变。教学目标从培养思维能力提升为情感、意志、能力、知识等全方位的培养。学生的主体意识被唤醒，获得积极的情感体验。如：探究的好奇好胜心理倾向；认真探究，克服困难的心理素质等，培养了学生的科学态度和科学精神。

为学生提供探究的机会、时间是使用探究策略的保证。长期坚持给时间，给机会让学生探究、证明，可以使学生养成积极探究、主动思维习惯。而这是比任何具体的数学知识重要得多的东西。在数学规则学习过程中，教师要舍得给学生时间、机会。

总而言之，探究策略的使用主要有两方面的要求：一方面要为学生创设真实复杂、具有挑战性的、开放的学习环境与问题情境，为学生提供展开思维的素材；另一方面又要为学生提供充分思考、讨论、研究的时间、机会，以支持学习者对学习数学规则的内容和过程进行反思与调控。在数学规则教学中，应当提倡探究式的学习，用多种多样的形式进行探究教学。学生的小型探究活动应当成为课堂学习的重要模式。探究策略重在强调教师设计出的问题要有吸引力，让学生积极地探究解决问题的办法。探究策略是构建情境策略的延伸。

（4）激活扩散。心理学认为，贮存在人脑中命题的活动水平是不同的。在一定时刻，大量的命题处于静止状态，只有少量命题处于激活状态，那些处于激活状态的命题是我们正在思考着的命题。一定的命题激活以后，它的活动可以扩散到与它相关联的命题。由此激活理论可知，数学规则证明的心理机制，就是在规则的条件及结论的启发下，激活记忆网络中的一些知识点，然后向外扩散，依次激活新的有关知识，同时要对被激活的知识进行筛选、组织、评价、再认识和转换，使之能协调起来，直到条件与结论之间的线索接通，建立起逻辑关系。所谓激活扩散策略，是指规则证明阶段，通过激活学生规则网络或者认知结构中的一部分数学规则，采取联想、类比等手段，扩散到另一些数学规则，从而激活所需的相关的数学规则以实现规则证明的教学策略。

（5）多途径证明。多途径证明是指在规则证明阶段，从多个途径、多个角度证明数学规则的教学方法。联想、激活、扩散，再联想、再激活、再扩散，使学生探究出规则证明的方法都不能满足于此。数学规则学习中要采用多途径证明策略，让学生更深入地、更全面地理解规则的前提、结论，让学生扩散得更到位。一个代数范畴内的规则，还应当考虑用平面几何、平面解析几何中的知识给出证明。平面几何中的规则可考虑用向量等知识给出证明。在规则学习过程中，采用多途径证明策略，有利于学生能在不同的知识背景中实现数学规则的迁移。

教师可以从平面几何角度与解析几何角度给出证明，使学生沟通平面几何知识与解析几何知识的联系，让学生以后能在知识的交叉点处解决问题；也让学生积累在不同数学情境下使用数学规则的经验，实现规则的迁移。在数学规则教学中，坚持多途径证明策略，可以帮助学生加深对规则前提与结论的理解，加深对规则证明过程的理解，有利于学生在不同的问题情境中，激活相关数学规则，解决问题。

（6）逐步递进。逐步递进指规则应用阶段，要有计划、分步骤引导学生使用规则，逐步提高学生对规则的认识水平和运用规则的熟练程度的教学方法。经过规则学习的定位阶段和证明阶段后，个体获得了数学规则的心理意义，也即得到了有关数学规则的初步的构造结果，这一构造结果的完整程度和清晰程度需要在应用规则的活动中进行检验和修正。个体在应用规则的活动中继续着个体的思维构造，以获得新一轮的构造结果；新一轮的构造结果在新一轮的应用规则的活动中又一次得到检验和修正，得到更新一轮的构造结果，如此循环，直到获得数学规则确定的意义。

可见，对数学规则的确定意义的理解和规则的熟练运用都不是一步到位的。相应地，运用规则解决问题的能力更不可能在一次数学课或是一周数学课上就能形成的，而是在多堂课、多阶段、多次运用规则解决问题的过程中逐步形成的。在数学规则学习过程中，特别是在规则应用阶段，不能强求一步到位，要有计划按步骤地引导学生使用规则，逐步提高运用规则的熟练程度。这种教学方法就是逐步递进策略。

（7）完善认知结构。数学规则学习的实质表明，数学规则的学习需要以学生原有的认知结构为依托。智力参与就是智力各动作（辨认、分化、假设、验证、抽象、概括等）

作用于规则，即对新旧规则等数学知识所呈现的信息进行加工。显然，良好的认知结构有助于各动作对规则所提供的信息进行提取、组合与比较，因而良好的认知结构为学生奠定智力参与的基础，有助于学生智力的参与，有助于学生顺利完成数学规则学习。因此，把完善学生的认知结构看作一个重要的教学方法，称之为完善认知结构策略。运用完善认知结构策略应当从两个方面进行：

第一，重视构建概念网络。数学规则表达的是若干个数学概念之间的关系。数学规则学习不可能避开数学概念的学习和数学概念网络的构建。鉴于新的规则中可能会含有一些不熟悉的概念而影响人们对它的全面理解，需要注意：通常这类规则最好是在教学结束时而不要在教学之初就用言语呈现。学习这些规则一般要求把它们分解为一些更简单的部分，然后再把它们整合为一条完整的规则。很显然，学生要理解掌握数学规则，要理解掌握规则中包含的数学概念。如果这些前提概念尚未把握，那么规则是不可能适当地掌握的；如果部分概念仅是作为一种言语信息而获得的话，同样规则本身的含义也不可能充分把握。

例如，平面几何中切线的性质定理的内容为：圆的切线垂直于过切点的半径。这条定理涉及"圆的切线""切点""半径""直线垂直"等概念。学生在曾经掌握这些概念并当堂回忆出它们的前提下，才可能顺利理解掌握这条定理。因此，教学时，要带学生一起复习回顾这些概念，然后再引导学生发现这些概念间的关系，再把所得到的个人体验整合为规则。如此分解这个定理的难点，有利于学生掌握这一定理。

规则是在两个或两个以上的概念的基础上形成的，它表示的是概念之间的关系。因此规则与概念的学习是密不可分的。数学规则学习和掌握的关键是获得数学概念之间关系的理解，而数学概念之间关系的理解依赖于原有认知结构中有关概念的辨别和理解，依赖于原有概念网络系统。有的概念网络不完整、不清晰，直接影响到新规则的建构。因此，教学中要重视构建概念网络。

第二，重视数学规则的记忆和迁移。掌握数学规则意味着对数学规则的牢固记忆，以及能够应用所学的规则。没有数学规则的记忆就无法学习新规则，只有记住了应有的规则，才能深入学习和应用新规则。此外，学习的目的就是将学到的规则应用到新的规则的学习中去，应用到实践中去，以解决实际问题，这种应用就是迁移。数学规则的记忆和迁移在数学规则学习中均起着重要作用。

首先，数学规则的记忆在数学规则学习中起着重要作用。在数学规则学习中，学习的最终目的是使个体形成规则网络。记忆是积累规则的前提，也是学习活动的基础，如果一个学生边学边忘，那么任何知识也学不会；只有准确地记住数学规则的条件和结论，才能在各种学习情境中有效地进行提取。并且，对数学规则的牢固记忆，能让学生在数学活动中针对当前的具体情况作出迅速地判断，迅速地选择和提取有关知识，迅速地记忆和提取，从而提高数学技能水平。数学活动中动作迅速是数学技能水平高的重要标志。

　　其次，数学规则的迁移在数学规则学习中也有着重要作用。首先，应用数学规则在解决数学问题的过程中获得新知识，同时也对数学规则有更深刻的理解；其次，使习得的各种数学规则之间建立起更加广泛和牢固的联系，使之概括化、系统化，形成具有稳定性、清晰性和可用性的数学知识结构，能够有效地吸收数学新知识，并逐渐向能够自我生成新的数学认知结构发展。数学规则是从具体事物中抽象概括出来的，而应用数学规则又是将抽象知识具体化，把从一类事物中抽象概括出来的知识，推广到同类具体事物中去，使抽象知识同具体事物建立起广泛的联系。从这个过程从认识活动的进程来看，数学规则的应用正好与数学规则的领会具有相反的顺序。

　　领会是由个别到一般、具体到抽象、感性到理性的过程；应用则是从一般到个别、抽象到具体、理性到感性的过程。这样在数学规则不断应用过程中，在迁移的作用下，使已有数学知识结构得到组织和再组织，提高其抽象概括程度，使其更加完善和充实，形成一种稳定的调节机制，在今后的数学活动中发挥更好的作用。

　　总而言之，记忆和迁移在数学规则学习中具有重要的意义。记忆能力和迁移水平直接影响到数学规则的应用，在形成数学规则网络的过程中起到关键的作用。而且记忆能力和迁移水平又可以直接检验数学规则学习的效果。因此，重视数学规则的记忆和迁移是完善学生的认知结构的关键环节。完善的认知结构是每一个学生得以完成数学规则学习的重要条件。

　　学生的认知结构之间的差异是客观存在的，同样的学习情境对具有不同的认知结构的学生会产生不同的效果，因而让学生具有相同水平的认知结构是班级整体推进的重要条件。完全消除这种差异是不可能的，但学习新的数学规则所需的原有的数学概念、数学规则的准备工作，即为学习新规则所需的认知结构方面的准备工作是可以通过教师的努力让大多数学生做好的。在教学中，努力让学生具有相同水平的认知结构具有更大的现实意义。

二、初中数学教学设计过程

　　数学教学设计是一项艰苦、细致的工作，是教师创造性劳动的具体表现形式之一。大致工作流程是：读课程标准—分析教学内容—了解学生—设计教学方案—编制教学目标—评价教学设计。教学内容分析包括对所设计内容在整个该套教材体系中的地位、前后知识之间的关系、该内容的特殊性、所体现的数学思想方法等进行比较全面的分析，以便确定教学的策略。在设计方案前，教师可从数学事实、数学概念、数学原理、数学问题解决、数学思想方法、数学技能、数学认知策略和态度等方面思考，教学目标的水平可以从了解、理解、掌握和灵活运用上选择。

第三节　初中数学教学的策略及其设计

一、初中数学教学的一般策略设计

教学策略是指教师为实现教学目标所采取的一系列活动计划，包括教学项目的顺序安排、教学方法的选择、教学媒体的选择、教学环境的设置、师生互动的设计等。教学策略具有多种特征，具体有指向性、操作性、整体综合性、调控性、灵活性、层次性。现有的教学策略主要有：以教师为中心的教学策略（直接教学或指导教学、接受学习），以学生为中心的教学策略（发现学习、情景教学、合作学习），个别化教学策略（程序教学、掌握学习、计算机辅导教学）。

初中数学教学设计应该遵循充分发挥学生的主观能动性的原则。在对教学策略做设计的过程中，应当以"学生为主体、教师为主导"，使学生在受教育的过程中充分发挥自身的潜能，利用自身的内在动机去寻求知识，只有学生的主观能动性发挥好，学生的学习才能够事半功倍，在学生体验到成功的乐趣的同时，增加学生进一步学习的兴趣，逐渐形成热爱数学、善于钻研数学的习惯。

（一）运用情景教学，培养学生用数学眼光看世界

在数学知识的情境下向学生渗透数学与现实生活的联系，数学眼光的培养有利于帮助学生建立数学建模、数学抽象等素养，在数学眼光的培养上，要改变过去的仅依靠指导性教学的策略，要引进数学情景教学策略。运用情景教学策略是指在应用知识的具体情景中进行知识教学的一种策略，在情景教学中教学的环境与实际环境具有高度的一致性，甚至是为经过人为简化、加工过的现实世界的实际问题，把数学学科像其他自然学科一样回归到现实生活当中去。

在情景教学过程中，教师不利用"先行组织者"原理给学生提供一定的知识支撑，而是直接给予学生现实问题，现实问题的解决可能需要运用多门学科的原理，如此刚好实现了多门学科之间的综合，实现了学科的交叉，教师引导学生像现实中的专家解决问题一样去探索，去试误，直到最后问题解决。所要学的基本原理与概念贯穿了实际问题的解决过程，学生在此过程中为了解决问题而学习了它们，在解决问题的过程中理解了它们，与此同时，这些需要学的知识与原理的意义也与具体的问题情境联系起来，学习的结果融于问题的解决过程中，问题的解决也帮助学生理解所学的知识。在问题解决完成以后，教师要

采用讲授法对学生的所学的知识进行系统的教授，归纳总结，并指出学生的解决实际问题的过程中出现的问题，而且要对此进行指导教学。

运用情景教学策略，就是要让学生学会抽离数学知识对现实生活中的问题用数学的眼光去看待问题，解决问题，使本来复杂的问题变得简单而有条理。要求教师首先要有数学的眼光，在日常教学及生活中，要有善于发现现实生活与数学的联系，用数学的眼光看待身边的事物，并适时与学生们分享，课堂内教学要将自己发现的数学与实际生活相联系的例子告诉学生们，在教学过程中用实际情景进入教学。如此不仅可以加深学生们对数学知识的理解，还提高了学生们对实际生活的问题解决能力。

在现实生活中，与此相类似的就是天气预报，在运用情景教学的过程中，先向学生们呈现天气预报的一天内变化，并让同学们画出一天内天气预报的变化曲线，天气预报的变化可能不是线性的，但天气预报的变化一定是连续的，数字虽然是间断的，但是一天内的气温变化是连续的，以此为原型抽象出函数的连续性，将气温变化抽象成数学的函数模型，由此学习函数零点的概念。

（二）运用个性化教学，培养学生用数学思维想世界

初中数学教学设计要充分考虑到学生之间的个体差异性，在关键期进行最充分的教学。数学作为一门理科学科，学生之间的原有知识的差异更加明显，所以在教学过程中要充分考虑到学生之间的个体差异性，采取相应的策略设计教学，在满足教学前提的要求下照顾到每一个学生，并善于发挥学生的特长。核心素养视角下初中数学教学设计要充分考虑到学生的原有知识基础。数学知识之间的前后关联度较高，例如学习三角函数图像时，需要运用以前所学的函数的各类性质（对称性、周期性、单调性等）。因此，在教学设计时要充分考虑到学生的原有的认知基础，最大限度创造"最近发展区"。

初中数学教学设计要循序渐进，不以"大满贯"为评价学生的标准。学生的身心发展具有顺序性，所以在教学设计的过程中，要循序渐进，不应当以"学生学习知识"为评价原则，而应该注重形成性评价，学生学习知识，只是教学的一部分要求，而要真正的培养学生的数学核心素养，应当在学生学习知识的基础上，把知识建构成一定的素养，在知识的原则上，充分挖掘学生的素养潜质，最大限度地发挥学生的能力，以使学生能够更好地发展并适应社会。

很多学生的数学思维有所不足，对数学思维的认识不够。一些学生对数学思维的重视程度较低，认为学习数学，即学会解题数学。但是事实是，数学的思维不仅包含逻辑抽象思维，还包括理论思维、分析思维等。在数学教师在课堂教学的过程中，应该对学生进行有针对性的个性化的指导，从而使得不同层次上的学生在数学思维上都得到应有的锻炼，并使每一位学生都能够参与到课堂中来，使每一位学生的潜能得到最大程度发挥。

在教学中运用个性化教学，要在班级授课制的基础上尽量满足学生个性发展的要求，落实到数学核心素养的培养上，就是要以学生的水平和速度为重要的参考依据进行教学。运用教学策略时，要按照小步子、学生积极反应、教师及时强化等原则进行，尤其是对待一些结构不良的问题时，要充分发展学生的创造性思维，利用思维的灵活性去解决问题。

在教学中运用个性化教学，要巧妙地设计有一定难度的问题，略高于学生学习能力的题目，更有助于学生的发展；运用启发性的提问策略，设计适合的讨论话题，并对学生实施有针对性的指导，提高学生的思维品质，鼓励学生用数学的思维去思考事情。与此同时加强对学生的思维的训练，在思维的训练中可以尝试用头脑风暴法。

在教学中运用个性化教学，要关注学生的思维品质，数学的思维品质，即个体在数学思维过程中所具有的特征与特点，主要有：灵活性、创造性、深刻性、目的性、语言文字的简明性、开阔性、论证性等，此种灵活性、开阔性、深刻性等品质在其他学科的思维品质中也有，并非数学所特有，所以在数学的教学过程中，要加强数学与相关学科的融合，综合开发学生的思维能力。在教学中运用个性化教学，对学生数学思维的评价，不能够局限于学生的正确与否、计算速度，更应该注重学生思维深度、思维广度、思维灵活性等的评价，在教学过程中设置开放性的题目，考查学生的思维过程，改变过去注重学生思维结果，忽视学生思维过程的评价。

（三）运用示范—模仿教学，培养学生用数学语言表达世界

数学课程标准，在数学语言方面或者数学表达方面对学生有一定的要求，要求学生能有意识使用数学语言来表达现实世界，发现和提出问题，感悟数学与现实世界之间的联系，利用已经积累的数学经验去解决问题。实际上，由于数学语言高度抽象、教师对数学语言的教学重视不够，学生的数学严谨性、数学表达能力、数学语言的学习都亟待加强。

示范—模仿教学①，教师要有目的的进行示范，以引起学生相应的行动，使他们通过模仿，内化掌握必要的数学表达能力。主要的步骤是：定向（明确教学目标）—定向—参与性练习—自主练习—迁移（熟练掌握）。

在示范—模仿教学过程中，要善于推敲数学叙述语言的关键句。数学叙事语言中的每一个词和词都有其特定的、特定的含义，因此有必要对语言的要点进行仔细研究和把握。例如，"等腰三角形的判定定理：如果一个三角形有两个角相等，那么这两个角所对的边也相等"中的关键词：两角、所对边、相等，即等角对等边。在教学过程中，教师要强调：边为角所对的边。这样加深了学生对"等角对等边"的理解。

在示范—模仿教学过程中，要善于引导学生观察学习原型、模型、图形、符号之间的变化。把数学原型转变为数学模型，数学模型转变为数学图形、数学图形转变为数学符号。

---

① 示范—模仿教学，是利用学生的向师性以及发展性等特点，使其对教师使用的数学语言进行模仿。

例如，在学习立方体的三视图时，学生第一次接触到空间图形的平面视觉图形。这种特殊的图形语言很难让学生理解。此时，使用数学道具——长方体，由教师用来演示如何查看立方体的，正方体由几个面构成，正面图、侧面图、俯视图应该如何画，在平面上应该如何表示，教师在教学过程中要规范使用画图工具，将做直观图的具体步骤一一列举，并在自己完成以后，要求学生进行练习，加强学生的理解记忆。

（四）运用直观教学，培养学生用模型理解世界

核心素养视角下初中数学教学设计要体现数学这一学科的特点。数学不同于其他的学科，数学的高度抽象性，是其他学科所触及不到的，所以在进行数学教学设计时要充分考虑到数学学科的特点，充分利用学生的直接经验，因地制宜地采用直观教学，但要注意，并不是所有的数学教学都适合使用直观教学，错误使用教学方法，不仅不利于学生的学习，还会歪曲学生的原有的数学知识，使新旧数学知识难以达到平衡。教师应该充分利用现有的教学资源与合理的教学媒体的设计，采用直观教学的模式来发展学生的直观想象、抽象模型能力。

在直观教学模式中，教师应当把握好教学资源的选取，在教学过程中让学生实际感受到原型或者模型的立体感，例如在学习方位角的概念时，引导学生说出自己与某同学的位置关系，在教授方位角与方向角之间的区别与联系，并以"卫星定位图"作为直观教学的模型，来引导学生建立正确的位置关系与想象能力。另外，可以培养学生直观想象专业的认识，如土木工程专业，将头脑中的工程图的三维结构图转换为二维结构图，将二维结构图转换为三维结构图，可以利用实践课组织学生进入工地参观学习，一则可以激发学生的学习兴趣；二则可以帮助学生了解将来所学专业的本质，针对自己的特点对专业有目的地选择。还可以组织学生与工程师们的交流，工程师分享他们的三维变二维、二维变三维的经验与方法，学生们从中学习，更好地应用直观想象解决实际问题。

在直观教学模式中，教师应当有培养学生立体化的知识，否则可能学生学了多年数学，却还没有形成立体感、直观想象、抽象、逻辑推理能力。学生对应用题的作答无从下手，教师应当建立学生的模型思想。在直观教学中，要充分调动学生的积极性，利用学生的注意力的特征，防止学生注意力的分散，这就要求教师在选取直观教学的教学资源时要综合考虑多方面的因素，避免学生对模型本身的兴趣使学生只关注模型的外在特点，而不关注模型所体现的知识原理、方法以及价值观的教育意义。

（五）运用问题—互动教学，培养学生提升数学核心素养

数学核心素养并不是单一的某个素养，也不是几个素养的简单相加或者相乘，而应该是多种素养的综合。问题—互动式教学是以发现、解决问题为导向的教学，在互动交流当中集思广益，充分发展学生的思维潜力和创造性特点，有利于提升学生的数学核心素养。

在问题—互动式教学过程中，问题的提出要以有利于激发学生探究数学奥秘的动力，在此期间要重视师生之间的互动在教学中的导向作用，充分开发学生的发散思维、创造力思维和批判精神，学会举一反三、一题多解。例如，在学习函数单调性的教学中，引导学生学会看气温变化图。在问题—互动教学中，教师的提问，要有技巧性与系统性，教师提问、师生互动、生生互动要有层次性，设计教学时要把提高学生核心素养意识思想贯穿其中。

二、初中数学复习课教学策略设计

复习课是一种通过再现教学内容，巩固和完善认知结构、强化基础教学的课型。二好复习课，对学生系统掌握知识、发展思维能力是极为重要的。同时，复习课也是教师弥补教学中的不足、提高教学质量不可缺少的一个重要环节。初中数学课程的目标为：通过义务教育阶段的数学学习，学生能够获得适应未来社会生活和进一步发展所必需的重要数学知识（包括数学事实、数学活动经验）以及基本的数学思想方法和必要的应用技能；初步学会运用数学的思维方式去观察、分析现实社会，去解决日常生活中和其他学科学习中的问题，增强应用数学的意识；体会数学与自然及人类社会的密切联系，了解数学的价值，增进对数学的理解和学好数学的信心；具有初步的创新精神和实践能力，在情感态度和一般能力方面都能得到充分发展。这些目标很好涵盖学生的数学素养，而这些目标的实现当然既离不开新授课，也离不开复习课。

复习课是引领学生站在新高度和新视角对已学知识进行审视和梳理，通过引领学生对已学知识进行分类、对比、拓展，从而完善知识体系，解决存在问题，提升数学能力，培养思维品质，进而形成数学核心素养的学习过程。根据复习课的教学目的不同，将复习课分为以下基本课型：

第一，单元复习课。单元复习课立足于一个单元知识网络的建构和旧知识的巩固，不只是对一个单元学过的知识点的简单重复，还注重单元知识的归类重组，融会贯通，帮助学生整理系统的知识框架，在此基础上自主构建知识网络，形成知识体系，培养学生的归纳能力。

第二，阶段复习课。阶段复习课是在单元复习课基础上的拓展和提升。学生经历了一阶段的学习（如期中、期末）之后需要对阶段知识进行系统整理、总结提升。复习重点是落实基础，回归课本；根据单元知识脉络理清各章节知识间的纵横联系，总结解题方法，渗透数学思想；设置典型例题和练习夯实基础、适时提高，训练思维、形成技能，并将这些基本知识、基本技能、基本思想和生活体验，转化为自身的数学素养；同时通过设置一些生活情境下的应用综合题的训练，培养学生解决实际问题的能力。

第三，专题复习课。专题复习课是在单元复习课和阶段复习课的基础上，通过问题诊断和检测反馈，有针对性地对学生的认知不足问题进行强化复习，查缺补漏。在专题复习时，要综合考虑多种因素，如专题设定、内容选取、难度把握、能力提升等因素，横向展开、纵向深入，通过设置自主导学、交流探究、总结提升等环节，复习专题文本知识又高于文本知识，注重数学知识、思想方法的总结提炼，举一反三，从而内化为自身的学习能力。

第四，总复习课。根据课程标准，对所学的数学知识、思想方法进行全面回顾、系统整理，通过板块整合、问题导学等方式全方位扫清死角，拓宽思路，以旧引新。总复习课立足于学生基本学完一个学段的学习内容后进行全方位综合复习，如初三的总复习课就属于此类复习课。初中阶段的总复习课，起到承上启下的作用，将对后续的学习发挥积极作用。

在以应试为导向的复习课课堂教学中，一般都遵循这样的课堂结构：复习旧知—梳理知识—例题讲解—综合练习—反馈检测。有时也会告知复习目标，而复习目标则是根据课程标准、教材要求考试说明，尤其是考纲制定的，是教纲考纲的具体化，是复习内容要求的具体化，同时也是检查、控制、协调评价教学活动的具体依据。

而基于学生核心素养的复习课则颠覆了原来以考试为导向的教学思路，立足于将学习的成果内化为学生的数学核心素养，提升学习能力，为后续的学习奠定良好的基础。所以教学的重点就转为知识体系的建构和学科思想的深化以及学习能力的提升。当复习课的目标导向由应试转向学生的核心素养，尤其是数学核心素养时，教学策略也就随之发生了改变。

（一）加强阅读指导，提高学生"阅读素养"

阅读素养，是学生核心素养的重要内容。学生的阅读能力和数学能力、科学能力可以一起被列为学生知识与能力应用的评价项目，以了解学生是否具备未来生活所需的知识和技能。项目主要评价学生的阅读素养、数学素养及科学素养。由此可见，阅读素养是学生未来生活所必须具备的核心素养之一。

在数学学科的教学中，数学学习同样离不开有效的阅读。无论在平时的数学学习还是在各种应试当中，由于受到阅读能力的制约，学生在结题过程中题意理解不到位，甚至理解不清，导致解题错误的现象随时可见。在教学中我们经常发现，许多学生在解题中发生错误不是对概念不清，或是遗忘公式定理，而是源于对题意的理解出现了偏差，只需在教师的指导下重新阅读，学生就会发现错误并改正。

所以在数学复习课上，教师要关注学生阅读能力的提高和良好阅读习惯的培养，要求学生在文本阅读中，对于生活中的数学问题，需要把题目中表示数量关系的生活语言准确地转化成数学中的数量关系，并且用数学语言表达出来；对于非连续文本阅读，则要求学生做到：读懂图表中数据的确切含义，特别是坐标轴表示的数量的确切含义；明确图表中的数据与题中文字的对应关系；要看准图表中反映的事物的状态及变化规律；要想透图表中的数据与所求问题的内在联系。

学生在数学阅读中经常存在这些问题：一是找不到关键词，即使找到关键词也理不清它们之间的逻辑关系；二是在图表阅读中不会提取有效信息，以及理解这些信息和待解决问题之间的关系。所以教师在指导学生阅读过程中应借鉴语文课阅读教学的经验和做法，先是寻找关键词，而后将这些关键词进行归类并找出他们之间的关系，即哪些词是哪些词的上位概念，哪些是同一层次的概念；同时指导学生通过圈画、标注和连接线等，明确各个量之间的关联。

（二）从碎片化到结构化，提高学生"数学抽象"素养

传统的复习课，离不开复习旧知过程。但是由于这个过程大都是重复，学生得到的依然是点状的知识，而基于核心素养导向的旧知复习课，重在关注学生的学习探究过程，不仅停留在知识的记忆上，还落脚于知识体系的建构上，通过复习，将原来相对碎片化的知识点，通过结构化形成知识网络和框架，使学生形成比较完整的知识体系。如在复习一次函数这一单元的时候，我设计了这样的课——利用思维导图建构知识网络，提升学生的归纳能力和分类思想。

数学抽象是指舍去事物的一切物理属性，得到数学研究对象的思维过程。数学抽象素养是形成理性思维的重要基础，有利于学生更好地理解数学的概念、结构和系统；也有利于学生在后续的学科学习中化繁为简，理解学科的知识结构和本质，形成学习能力。而这节课充分体现了学生的主体地位，通过小组合作、交流研讨和实践操作，使学生自主建构起本单元的知识体系，学会了交流与反思、归纳与提升；这节课我设计了这样的学习目标：运用思维导图构建一次函数知识网络；运用思维导图分析、解决一次函数问题。在课堂中，学生合作学习自主建构的这个网络体系不仅涵盖了知识、能力和方法，还包括了知识应用，这个过程相对于新授课的学习而言，在知识和能力以及学科思想上，都产生了一次飞跃，是一个知识内化为素养的过程。

（三）举一反三、归类变式，提升学生"数学建模"能力

数学建模也是数学核心素养的重要内容之一，是对现实问题进行抽象，用数学语言表达和解决实际问题的过程，其能力要求从数学的视角提出问题、用数学的思想分析问题、用数学的语言表达问题、用数学的方法得到结论，并通过不断地反思和改进模型，最终得到符合实际规律的结果。在数学复习课教学中，通过类比归类等方法得出带规律性的结论，是提升学生"数学建模"能力的重要策略。

在复习中，根据课程标准要求和学情分析，引导学生对相关例题进行分析、归类，总结解题规律；对具有可变性的题型，引导学生进行变式训练，使学生从多角度综合分析问题，通过类比，从中总结带规律性的思维方式和解题方法；教师在讲解中，进一步引导学生对有代表性的问题进行灵活变换，使之触类旁通，做一题得一类，以类串型，以不变应

万变，从而建立相关的数学模型，提高学生数学建模能力。

（四）鼓励质疑，培养学生"勇于探究"的科学精神

质疑，是学生实现深度学习的基础，也是培养学生"思辨思维"的基本途径。质疑建立在学生的问题意识之上。无论是在新授课还是复习课上，我坚持以问题为导向，设计科学的、适切的、符合学情的问题，推进教学目标的达成。

鼓励质疑，必须培养学生的问题意识。要创设轻松活泼的课堂氛围，让学生明确树立问题意识、学会提出问题解决问题是实现自我提升的重要途径，对掌握基础知识、培养解决问题的能力具有积极的促进作用；鼓励他们大胆质疑，敢于提出问题，勇于展现自我；并及时抓住学生思维的闪光点给予肯定和赞赏，鼓励学生不断提出新的问题与同伴展开讨论，让学生从中体验探究的快乐。通过鼓励质疑，提高学生探究精神。

在学生的质疑讨论中，让学生发现问题，主动提出问题，探究、完善本题的解法。质疑本身就蕴含思维的火花，有质疑才会有创新。因此在复习课中，我比较注重创设问题情境，精选有代表性的、易错的习题，激发学生探究欲望，为学生提供积极思维和独立思考的机会，引导和鼓励学生勇于质疑，善于发现和提出问题。

在复习课的实施过程中，还可以采取"以疑定教，解决生成问题"的教学策略。有预设和生成的课堂是灵动的课堂，既有计划性又有开放性。"疑"让学生产生认知冲突和认知需要，根据学生在学习中生成的问题设计复习课教学，解决学习中存在的问题，提高复习教学的实效性。教师可以在复习课中常预设"疑点"，激发学生的思维和探究兴趣。这些问题，由浅入深、由易到难、层层递进，不断激发学生的探究兴趣。通过鼓励学生质疑，学生的理性思维、批判质疑、勇于探究等方面的能力和提出问题、解决问题的能力等综合素养都得到了有效的培养，这些素养为后续其他学科学习过程中自主探究能力的提升奠定了良好的基础。

（五）善学善思，培养学生的思维品质

在复习课中鼓励学生及时捕捉出现的错误，让学生在复习中养成严谨的治学精神和反思能力，培养爱学善学以及深刻性、严谨性和系统性等思维品质。数学是一门严谨的学科，学生在学习过程中难免会出现错误。所以在数学复习课前让学生自行查找并罗列常见的错误，并对产生错误的心理进行分析，从形成错误的源头查起就显得尤为重要。这也是更有效地组织复习课教学，让学生形成正确的数学思想的前奏。

教师在实际工作中经常接触到的错误类型有三种：第一，感知粗略导致的错误。这种错误是相当普遍存在的，很多学生只看到问题的表面现象就急于动笔。换言之，很多学生拿到题目之后，根本没静下心来进行深层次的考虑。第二，知识混淆导致的错误。数学知识很多是相互联关或相似的，在学生的认知过程中由于知识混淆不清，导致做题出错的现

象屡见不鲜。第三，不良习惯导致的错误。如解题不规范，喜欢跳步骤心算，认为这样可以节约时间，却不知加大了大脑的思维强度，增多了失误的机会；解题中求得结果后不验证，从而经常导致错误。

当然，学生做错题的原因有多种多样，教师在复习课之前要认真分析，把握准确，让学生站在学科体系的视角上反思存在的问题，形成善学善思的良好习惯，生成治标更治本的方法，为接下来的有效复习奠定扎实的基础。基于学生核心素养导向的数学复习课教学，适应当前课程改革深化的要求，打破了传统的以应试为导向的复习课模式，落脚点放在学生学习能力的提高上面，为后续的终身学习奠定良好的基础。但是，由于学生发展的核心素养尤其是学科核心素养的研究对于一个普通老师而言，在教学中如何践行核心素养导向的教学理念，尚有诸多不足，无论是内涵界定、实施策略和考核评价，还是信息技术背景下学科的研究方式和教学方式的新特点、新变化等，都还有待于更进一步的探讨。

三、初中数学高效课堂构建的策略设计

当前核心素养成了教学改革的高频词汇，要求每个初中数学教师引起足够的重视。在课堂上教师应该关注学生思维能力的发展，结合学生需求转变教学方法，鼓励学生多动脑思考问题，在自主解决问题中形成数学能力，提升数学核心素养。传统数学教学模式下，教师以简单为学生灌输知识为目标，不仅学生难以产生浓厚的学习兴趣，也不利于对学生数学核心素养的培养。当前要求初中数学教师形成正确的教学观念，加强对学生应用能力、思维能力的培养，对此需要着力于课堂，转变教学方法，在课堂中为学生提供更多思考与探索的机会，这样才能提升课堂效果，提升学生的数学核心素养。

（一）由一及十，培养学生的创新意识

如今社会需要的都是综合性的人才，具有创新的能力，自身的能力过硬才不会被社会所淘汰。所以，教师在进行教学活动的过程中，需要结合教学材料，使学生能够由一及十、触类旁通，培养学生的创新意识，提高学生的核心素养。例如：在讲完等腰三角形这章节之后，教师可布置学生编题作业，例如，原题为"等腰三角形，它的腰长为8厘米，底边长为6厘米，最后计算出等腰三角形的周长是多少厘米"，让学生以这道题为基础，依据等腰三角形性质，设计出其他的题目。

有的学生就创新了题目，例如，"等腰三角形的周长是22厘米，一边长为8厘米，其他两边的长度是多少厘米""等腰三角形的周长是22厘米，计算出底边的长度范围"等，这些题目都是在教师的习题上进行改编的，拓展了学生的思维能力。这样的教学活动，延伸了课堂的时空，激发了学生的学习主动性，易于培养学生的创新意识，提高学生的数学核心素养。

总而言之，在新课改背景下，对于初中数学教师而言，为提升学生数学核心素养，需要不断地改变自己的教学模式，不断地深入教学，根据学生的学习实际，制订适合学生的教学方案。教师把理论知识和实际教学结合起来，培养学生的核心素养，尊重学生的个性化特征，促使学生数学思维能力不断发展，增强培养学生的创新意识，为学生学好初中数学课程打牢基础。

（二）从形到数，培养学生数学核心素养

教师在进行教学活动的时候，需要重点地把教材和实际生活进行有机融合，把生活经验运用到教学活动中。在课堂上融入生活材料，学生学习起来相对容易些，在学生熟悉的环境中进行教学，易激发学生的学习兴趣。把生活问题作为教学的内容，既获得了知识也解决了问题，让学生感受到数学无处不在，感受到数学的价值，增加数学的学习欲望，学生才能积极主动地进行学习，才会把所学的知识运用到日常生活中，解决生活中的难题，理论结合实际，培养学生的数学核心素养。这样的教学模式，能够让学生贴近生活，获得经验，在无形中拓展了思维能力，数学素养也得到了提升，逻辑分析能力也随之增加，达到了教学的效果。

例如，在《在乘法公式》教学中，为了让学生更清晰、主动地理解乘法公式，教师可充分依靠学生剪纸操作能力，改变教材的编排顺序，用后面的图形验证公式，提前用来探索乘法公式。对学生进行分组，让学生在课堂上动手操作，剪拼图形。这样通过图形剪拼面积的不变性，很容易推导出平方差公式。然后再用多项式乘法的法则来验证平方差公式。这样从图形直观到动手实践再到数理的推理验证，由形到数、由浅到深的方式层层推进，既构建了轻松、自主的课堂氛围，又有利于学生主动地掌握新知识，形成良好的数学思维。

第三章　初中数学教学的模式及其设计

第一节　初中数学教学模式及其构建

一、初中数学教学模式的构建类型

（一）讲授示范型教学模式

讲授示范型教学模式是以教师用语言向学生传授知识为主的教学模式。它的基本特征是教师通过讲解、示范向学生传授知识，培养能力；学生则通过听讲模仿理解新知识，发展能力。这一模式强调教师的主导作用，强调系统的知识传授，重视课堂教学的规范化、形式化，轻视学生的主动性，学生的活动方式主要是接受。运用讲授示范型教学模式的教学程序如下：

第一，激发学习动机。教师首先有意识地复习引导，使学生面临新情境、新课题，让学生意识到要寻求新知识，而自己没有现成的对策，从而产生迫切解决问题的心理活动。然后，教师巧妙精当、简洁地切入主题，使学生真正进入角色。一般而言，新课导入就是激发学习动机。在数学教学中，激发学习动机的方法很多，如观察发现、实验总结、类比引导、设问讨论、以旧推新、点题讲授等。

第二，传授示范。这是讲授示范型教学模式的核心。传授知识的过程，一般包括提出问题、解决问题、揭示规律、质疑问难四个环节。教师要注意选择适当的教学方式和手段，运用简明、生动、形象的语言，牢牢地吸引住学生的注意力，使学生保持高昂的学习热情，有学习新知识的自觉性和主动性，准确地按计划传授新知识。

第三，理解记忆。理解记忆是学生通过动眼、动脑、动口、动手实现的。教师传授知识的过程是学生感知和理解的过程，因此教师的讲授要注意知识的形成过程，示范要注重典型性和目的性，揭示规律或对公式、定理要引导学生分析清楚，以便学生准确地掌握其内涵与外延。教师要鼓励学生大胆质疑，促使学生理解知识，强化记忆。

第四，巩固运用。学生通过听讲、模方、理解、记忆新知识后，巩固并初步运用这些知识，这就要求教师按所教内容的差异，采用不同的教学形式进行巩固与运用。如可以判断概念的内涵与外延，应用概念解决有关的计算等。

第五，检查评价。检查评价的目的是系统考察学生的学习情况，起到促进学生学习和检查教师教学的作用。课堂上，教师要安排学生做必要的课堂练习，通过巡视、抽查，及时获取反馈信息，以适当调整教学过程。课后，要认真批阅课外作业，及时了解学生知识掌握与能力形成等情况，以便针对学情，有的放矢地展开教学。

讲授示范型教学模式强调教师的主导地位，便于控制教学进度，确保教师传授知识的主动性、流畅性和连贯性，使学生比较迅速、有效地在较短时间内获取较多的信息，掌握较多的知识。但是，讲授示范型教学模式使学生客观上处于接受所提供信息的地位，不利于学生主观能动性的发挥，而且教师较难及时获得必要的反馈信息，因而不易及时调控教与学的进程。因此，运用讲授示范型教学模式进行教学时，要扬长避短，以求取得最佳教学效果。

（二）引导探究型教学模式

引导探究型教学模式是教师把教学内容设计为一个问题链，从而引导学生进行探究，解决问题。引导探究型教学模式以"问题—解决"为主线，教师通过精心设计合适的问题情境，启迪学生的心智，引导学生积极主动地参与探索活动。学生通过积极思维，在尝试发现、探索、总结归纳等实践活动中，掌握知识，发展智力，提高能力。教师在教学过程中，主要着眼于"引"，启发学生"探"，把"引"与"探"有机地结合起来。教师的每项教学措施，都要给学生创造一种思维情境，提供动脑、动手、动口的活动机会，激发学生的求知欲望，促使他们探究解决问题。

尝试教学法是一种引导探究型模式的教学方法，它按照学生的心理特点和内在的需要安排教学的发展的顺序，目标是让学生获得成功，条件是充分发挥教师的主导作用、学生的主体作用、旧知识的迁移作用、教科书的示范作用、学生之间的相互作用和师生之间的情意互动作用，它的特点是先练后讲。尝试教学一般分为七个步骤进行：第一步，尝试准备。教师说明本课的任务、内容及要求，采用以旧引新的办法进行准备练习，为学生解决尝试问题铺路架桥。第二步，出亦尝试题。第三步，自学课本。为了解决尝试题，学生自己学习课本。第四步，尝试练习。第五步，学生讨论。第六步，教师讲解。第七步，第二次尝试。这些步骤是一个有机的整体，并不是固定不变的，教师应根据具体情况灵活调整。

（三）情境讨论型教学模式

情境讨论型教学模式的主要特征是：在教学过程中，教师有目的地引入或创设生动具体的场景，学生通过个人独立思考，个人与个人、小组与小组之间共同启发相互讨论，观察、试验、探索，用直觉或推理提出猜想，再加以证实，得出对问题的初步认识、理解、判断和概括，再由师生共同归纳、总结、深化。通过情境活动，学生缩短了与教师、同学、教学内容的心理距离，主动投入、主动参与、自行发现，从中体验到艰苦的脑力劳动后的快乐。

情境讨论型教学模式讲究给学生以讨论的自由，更注重学生学习活动过程中创新能力的培养，因而对教师本身的素质也提出了更高的要求。

发现法教学可以引导学生在情境中探索。运用发现法教学，教师不直接地把现成的知识传授给学生，而是引导学生利用课本和教师提出的问题独立思考，亲自去发现结论。首先，教师创设学习情境，使学生在这种问题情境中产生矛盾，明确要解决的问题；其次，学生利用教师和教材提供的某些材料进行思维活动和操作活动，拟定解决问题的途径，提出假设，或对答案作出猜测；再次，再从理论上或实践上检验自己的假设、猜测，对不同的见解展开讨论，多向交流；最后，教师对争论作出总结，得出共同的结论。

运用发现法教学，可以最大限度地发挥学生的主动性和创造性，充分挖掘智慧的潜力。学生可以从发现的试探中学到科学的认识方法，通过问题的感知与分析，寻求解决问题的途径和方法，并从已有经验出发提出各种可能的假设。这就有效地促使学生运用迁移规律去获取知识，学会发现的探究方法。讨论是在教师引导下，充分调动学生的积极性，由他们的观察、分析、类比、联想、辨析、归纳等一系列活动来完成讨论活动。发现是让学生亲身经历对新定义、新结论、新解题思路及方法的探索。这两个特点决定了它是培养和提高学生思维能力，使学生深刻理解和熟练掌握所学知识、技能的好途径。当然，在教学实践中，教师们还可以根据学生、教学内容等特点，选取其他教学模式。

二、初中数学教学模式的构建方法

从方法论角度看，研究数学课堂教学模式的方法主要有以下三类基本方法：

第一，用理论演绎法研究教学模式，主要是从理论出发提出假设，设计出模式。使用演绎法得到的教学模式，其起点是科学假设，模式的形成过程就是验证假说的过程。

第二，用演绎法研究教学模式，要找到解决的问题，针对解决问题的需要提出假设。在教学理论、教学思想、数学哲学等理论的指导下设计出模式的雏形，在实验验证其有效性后，才能确定模式，它的特点是节省时间，可避免研究者在大量的经验中苦苦探索。实验验证模式时，对影响模式的各种变量必须严格控制，避免主观随意性。只要严格按照实验计划规范实施，就能验证该模式是否可行。可行并且效果好，则模式成立。在用演绎法建立模式时，对其假设要进行可行性分析，要充分考虑各种可能存在的问题。

第三，用经验归纳法研究教学模式主要是经验概括，即在实践经验基础上概括出共性，使之规范化、系统化程序化，从而整理形成教学模式。"尝试指导，效果回授教学模式"主要是从调查实验得到的经验基础上构建的。用经验归纳法研究教学模式，必须依靠教学实践。离开实践，教学模式就是无源之水、无本之木。从经验到模式，模式本身来自实践，故其可行性强，在不断实践的过程中，通过概括形成理论。由于归纳得来的教学模式受地域、环境等条件的限制，应用的广泛性、普及性不如用演绎法建立的模式。在数学课堂教学模式的建立过程中，不是严格意义上的演绎建构或经验归纳，很多时候是演绎、归纳并用，采用综合研究的方法。选择何种方法研究课堂教学模式，还应根据研究者的自身素质和研究的内容、时间、条件等多种因素综合考虑加以决定。

三、初中数学教学模式构建的程序

构建数学课堂教学模式要遵循一定的实施程序。根据查有梁的教育建模理论，用经验归纳法进行教育建模的基本程序是：第一，建模目的。明确课堂教学模式所达到的目的。第二，典型实例。在实践的基础上总结提炼较好的典型的课例。第三，抓住特征。将案例上升到理论，分析概括出基本特征和基本过程。第四，确定模式名称。进行概括总结，确定表述模式的名称。第五，简要表述。对确定的教学模式给出简要的定性表述。第六，具体实施。在课堂教学中具体实施这一模式，要充分体现出模式的特征和过程。第七，建模评价。将设计与实践进行归纳总结，从而获得建模成功与否的结论，以便改进。按照上面的程序，在构建数学课堂教学模式时要注重以下步骤：

第一，学习领会相关理论，打好建模的基础。为了创新数学课堂教学模式，在建模之前，必须认真学习数学教育理论、心理学、控制论、系统论、信息论等基础理论知识，掌握较多先进的、典型的中外数学课堂教学模式，了解数学教育的理论与数学教学改革的方向。

第二，反思教学实践，提炼总结经验。自己曾经得意的教学课例能为模式的构建带来灵感，分析自己的教学实践，或者借鉴吸收同行的成功教学经验，并进行概括、提炼，可以为构建数学课堂教学模式提供实践依据。

第三，建立模式雏形，确定模式的特征。通过理论分析和数学教学实践经验的提炼，形成教学模式的雏形，确定教学的程序，并用简单明了的语言加以叙述，把需要注意的事项充分估计，作出说明。

第四，进行实践验证，固定模式结构。模式是否成功有效，实践是检验的标准。将课堂教学模式雏形用于实践，并进行自我评价、改进，不断调试完善，才能形成具有推广价值的、相对稳定的数学课堂教学模式。

第五，进一步的理论升华。数学教学模式经历了实践、理论、再实践的过程后，还要再在理论上加以论述。对模式的理论基础、模式名称的通俗性与科学性、模式结构的独特性与新颖性、模式的适用范围与局限性都要反思研究，以使模式具有更强的生命力。

在数学教学模式的具体构建中，既要遵循教育建模的基本程序，又要在建模的环节中深刻而又完整地体现数学教育思想和观点。数学教学模式应该在继承传统教育模式的基础上发展和创新。既发扬优良的、能体现素质教育的传统教育模式，又将现代教育新理论运用于数学教育改革中，这样才能不断探讨出体现数学教育特点的新模式。

第二节 初中数学教学的一般模式设计

一、初中数学探究式教学模式设计

"探究"顾名思义就是"探讨研究"之意。"探究式教学是指在教师的指导下，学生通过类似科学家的探究过程，主动参与到发现问题、寻找答案、理解科学概念和科学规律的本质的过程中，以培养学生科学探究能力的一种教学过程"[①]。探究式教学的实质就是在教师的指导下，采用分组的形式，以合作、探究为基本方法的一种教学活动，这种教学充分体现了以学生为本的理念，实现了学生从被动学习到主动学习的转变，从而能够培养学生的科学探究能力和创新意识。合作探究则是利用学生集思广益、思维互补、思路开阔、分析透彻、各抒己见的特点，使获得的概念更清楚、结论更准确；合作探究能促进学生思想情感交流，培养团结协作精神，构建民主和谐气氛，养成良好个性品质。

探究式教学择优培养学生学习能力的形式，倡导以学生的学习为中心，突破了以知识传授教学为中心的传统教学模式。初中数学探究教学模式的应用，不仅使学生获取了数学知识，还使学生在学习的过程中掌握了科学方法，培养和提高了学生的思维效果和创新能力，调动了学生的学习积极性，使学生主动参与到学习和教学活动中，提高了学生的综合素质和能力。

（一）探究式教学模式的基本特征

提问、假设、制定计划、实验、收集数据、分析论证、评估、交流与合作等阶段的汇集，属于一个相对完整的探究过程。教师在探究过程中的每个环节、每个阶段的工作都是为了更好地指导、鼓励和激发学生学习，为科学探究活动创造良好条件。在科学探究过程中，由于师生各自发挥着不同的作用，且学生自主探究的程度及成果存在一定差异，所以学生在探究过程中涉及的要素也就不同。初中数学教育课程的改革创造了探究式教学模式。科学探究活动的根本目的是为了使学生在亲身经历科学探究的同时，掌握科学探究的方法，培养学生学习数学的兴趣，并使学生在学习、体验和感受数学知识的过程中，学会发现问题，然后针对问题提出初步解决思路。通过分小组辩论或集体讨论等形式设计解决问题的方案，最终得出结果，并对问题解决过程进行评价，从而提高学生数学知识的学习能力，激发和培养学生的探究能力和创新精神。初中数学探究式教学的基本特征，实际上就是探

---

① 王战平. 初中数学探究式教学模式研究 [J]. 林区教学，2011（9）：89.

究性学习过程所包含的以下六个方面：

第一，开放性。虽然探究问题基本来自书本，但问题的载体是多元化的，具体可根据学生的实践情况而定。探究题目的范围可大可小，内容可深可浅，而并非单一固化。自主探究及有引导、有组织的探究形式都是可行的。

第二，问题性。某一具体化问题是探究性活动的动机。问题是打开思维空间的关键，问题的出现使学生解决问题的欲望和冲动被强烈激发出来，为学生提供了学习动力。由此可见，教师应当关注问题，并精心设计问题，适时提出问题。最好是在生活中发现丰富多彩的数学问题，从而引导学生解决问题。

第三，互动性。互动性在初中数学探究式教学中是十分重要的。课堂互动不仅可以调动学生学习的积极性，激发学生探究的欲望，还有利于创造探究式的教学环境。教师在整个探究教学过程中都应当尊重学生的选择和意见，通过课程互动的增加创造探究教学氛围。将互动因素加入教学中，既可以拓展学生思维，又可以开展丰富多彩的创造性活动。由于对科学探究活动的模拟行为是探究式教学的实质，所以探究活动的增加往往可以提升学生在探究教学活动中的观察力、思考力、创新力，并更容易领会科学的研究方法。

第四，渐进性。初中时期实际上是学生学习习惯与探索意识的萌芽期和养成期，探索能力相对薄弱。所以要将学生学习方式转变的递进性及可接受性加以充分考虑，并融入实施探究式教学中，要本着由简单到复杂、由易到难的循序渐进原则。

第五，合作性。相互合作、交流和协调是探究过程中学生应当做到的基本内容。学生可以在合作与交流的实践中按照一定规则进行讨论，将自己的观点准确地表达出来。使他人接受自己的想法是人与人之间合作的基础，在坚持自己原则的同时也要尊重他人。学会在合作中倾听他人的意见，并进行深度思考，改进自己的探索方案。学会善待批评，审视自己的观点，以获得更正确的理解和认知。学生在相互合作的过程中，可集思广益、拓宽思路、思维互补、深入分析，积极表达自己的观点，从而获得更清晰的概念、更准确的结论。通过合作小组学习活动，可提高学生的领导意识、社会技能和民主价值观。

第六，综合性。学生在初中探究式教学活动中所面临的问题往往是综合的且复杂多变的，干扰因素相对较多。由于拟解决的问题具有综合特性，解决探索性问题不可单一化，需要综合运用多种知识，可能同时涉及多种学科知识和技能。对于难度较大的综合性问题，教师可以将问题拆分成多个简单体，引导学生逐步分析问题的各种影响因素，帮助学生掌握问题的关键点。

（二）探究性教学模式的主要内容

探究式教学的诞生对积极倡导教学方式改革有重要的指导意义，即使它仅是一种新型的基础教学模式。然而，这种新型的基础教学模式并不适用于所有的教学内容。一些过于抽象的概念性的内容，以及受到时间、空间、学生基础知识和学生探索能力制约的初中数学教学课程就很难进行探究教学。所以我们应当先将初中数学知识体系的要求和特点，以及教学计划的安排、学生的思维逻辑等因素进行综合性考虑后，再来选择适合的探究内容。

第一，趣味性探索内容的选取。好奇心和探究欲是初中阶段学生共有的一种天性。探究性学习内容的选择应当与学生的现有知识水平、兴趣，以及领悟能力和他们的经验相适宜。

第二，当学生的好奇心得到满足时，他们就会有一种成就感。所以在选择探究内容时，应尽量选择能够激发学生内在学习动机和探究兴趣的内容，从而激发出学生的探究欲。相关实践数据表明，能结合教材内容、贴近学生实际生活、吸引学生的学习材料，可引导学生刻苦钻研、积极思维，并在一定程度上推动教材内容的革新与发展。

第三，选择便于学生实践和交流的内容。探索性学习离不开学生的切实实践和交流。学生可通过亲身体验和充分交流对数学知识进行更深刻的思考与理解。学生在不断探索的过程中不断积累数学实践和经验，将教学内容牢固掌握。在交流的过程中，学生可以将数学实践和经验更好地转化为数学知识。

第四，选择能够提高学生思考能力的内容。中学数学中的重点内容、核心知识，以及新教材中的必修内容是探究性学习的内容选择方向。此外，选择的课题内容应当对学生的理解能力和创造性思维力有促进和提高的作用。学生生活实践，以及学生的社会生活实践等，都是研究性学习内容的最佳选择。需要注意的是，教学内容的选择要适合学生的年龄特点，以及现有的能力水平。发现问题和解决问题的过程实际上就是探索性学习的过程，所以在该方面内容的选择上，需要坚持以问题化为原则，以问题为中心组织教学内容，使学生学习并具备带着问题去思考的能力和习惯，从而提高学生思考能力和学习能力。

二、初中数学支架式教学模式设计

"支架式教学"[①]是一种教学模式，是一种改变传统的教师主宰课堂的局面，从而构建教师和学生互动、共同参与课堂活动的教学模式。"在教学过程中，教师通过一套特定的概念框架来帮助学生理解特定知识、建构知识意义的教学模式，借助该框架的支持与帮助，学生进行独立探索，最终能够完成任务或解决问题"[②]。

（一）支架式教学模式的基本原则

第一，学生是学习的主体是亘古不变的原则。作为一名合格的初中数学教师，在我们

---

① 支架式教学应当为学习者建构一种对知识理解的概念框架，用于促进学习者对问题的进一步理解。因此，事先要把复杂的学习任务加以分解，以便于把学习者的理解逐步引向深入。
② 张宗龙. 初中数学教学与管理研究 [M]. 北京／西安：世界图书出版公司，2017：87.

的教学过程中，必须每时每刻都明确，学习的主体是学生，作为教师，我们最多的是扮演着引导者的角色。从各个角度发现，以时间为叠加原则，以交流为基本了解方式，以思考为最终评价，了解学生的优缺点，从而达到因材施教的最佳教学效果，为他们制定合理的学习方案。

第二，围绕问题展开教学的原则。伴随着支架式教学模式的展开，学生在自主学习的过程中肯定会出现相关疑惑，甚至对已有的结论产生疑问，作为一名合格的教师，我们应当鼓励学生的这种学习态度，用认真严谨的方式进行解答，从而促进教学的良性循环。

第三，确保教学内容情境化的原则。为了让学生在支架式的教学模式中更好的投入，作为教师，我们务必要充分备课，让学生的每一节课都伴随着相关的教学情境。"因为在情境中进行学习，学生的学习效率可以得到最大化的提升，我们的教学目标可以更加完美地得到完成"[1]。

（二）支架式教学模式的构建方法

第一，通过设置相关的情境吸引学生的注意力。沉浸式学习是让人们感受到书中所含知识的最佳方式。教师可灵活运用场景设置的方法，让学生理解和感悟书中所包含的知识，并获得相关的学习技巧。

第二，教师引导学生进行自我深入挖掘。以学生为本是教学过程中应遵循的基本原则，只有让学生主动参与到学习中，并不断进行自我认知、探索、挖掘等，才能激发与体现出教学模式的最大化作用。才能有效拓展学生的思维能力，提升学生自主学习的能力，最大程度地培养学生的数学综合素养。

第三，系统客观地评估学生的学习结果。我们应该在采用支架式学习模式后，对其进行一套系统、客观的评估，以便在这种教学的具体实施后明确学生的实际情况。由于每个学生的情况都不同，所以我们不能一概而论。相反，我们应该根据学生的个人情况，有层次有技巧地对学生加以评估。对于成绩优秀的学生，我们可以给予相应的奖励。对于表现不佳的学生，我们应该私下了解情况，而后给予相应的鼓励或批评，明确相信学生可以做到更好，以便学生能够保持足够的动力在这样的模式下自主学习。

第四，对教学内容应适时总结。凡学习总离不开总结，教师可以在支架式教学模式展开之后，对每个章节进行总结。针对不同学生的具体情况给予适当的点评。对于大多数学生都会出现的问题要统一总结，并提出解决方案，最终实现教学目标。

三、初中数学深度教学模式设计

（一）深度教学模式的具体认知

① 陈岩. 探析支架式教学模式在初中数学教学中的应用 [J]. 理科考试研究，2016，23（20）：54.

近年来，新课改倡导深度教学 ①，初中数学教学要关注学科核心素养，设计数学问题来增加课堂教学探究性、降低理解和学习知识的难度，把学生思维引向更深的层次。深度教学不仅注重学科的科学价值，更注重学科的育人价值。数学的深度教学能够发展学生的高阶思维，进而提升学生的数学学习力，发展学生的数学学科素养。

1. 深度教学的基本结构

作为一种教学形态，深度教学与教学本身的存在状态密切相关。教学的不同存在状态，在很大程度上规定了深度教学的内涵和方式。事物都是在一定的关系中存在的，关系的状态规定着事物的存在状态。从分析的角度来看，教学的存在状态可以用其中所涉及的关系状态来加以描述。对于任何学科教学，它在学生和教师互动的背景和框架下，都具有以下关系状态：

第一，学生与学科的关系状态。学生与学科的关系状态涉及的问题实质是"学科学习何以可能"。作为学生学习的主要载体和对象，学科教学内容与学生心灵世界之间的关系状态，用心理学术语说就是学科逻辑顺序与学生心理顺序之间的关系状态，影响着学科教学的存在状态与深度状况。在这里，学生与学科的关系状态又取决于学科教学内容与学生心灵世界的交融状况。当学科教学内容没能进入学生的心灵深处，与学生的兴趣、情感和思维没能发生实质性的联系，连学习都很难真正发生，当然就无法达到深度教学了。

第二，学科与学习的关系状态。学科与学习的关系状态涉及的问题实质是"学习学科的什么"。笼统而言，学科是学生学习的对象。但是，学生究竟应该学习学科的哪些，对于这个问题的回答与实践，便构成了学科与学习的关系状态。因此，学科与学习的关系状态取决于教师的学科理解方式及其水准，进而影响着教学本身的存在状态与深度状况。在这里，教学的深度状况标志着教师的学科理解水平和学生的学科学习水平。

第三，学生与学习的关系状态。学生与学习的关系状态涉及的问题实质是"持续学习何以可能"。任何教学关心的最基本问题是"学生学习的发生与维持"。综上所述，学习是一个持续的过程，学习是一个建构的过程。只有引导学生持续的建构，才能接近学习的本质。反之，这种"学习"既不能让学生产生持续的变化，也难以对学生形成持久而深远的影响，真正的学习也就没有发生。在这里，学生持续建构的过程、方式与状况决定着学生与学习的关系状态，进而又在很大程度上决定着教学的存在状态与深度状况。

需要指出的是，学生与学科、学科与学习以及学生与学习三种关系及其所有因素在师生互动的背景与框架下，共同构成了学科课堂中的学习共同体。正是这个学习共同体，合力影响着学科教学的存在状态和深度状况，并决定着学生学习与发展的最终状况。换言之，深度教学就是教师引导学生持续建构学科本质，促进学生意义理解和可持续发展的教学。

---

① 深度教学是一种触及知识本质、结构，能引发学生深度思考、质疑、创新的教学方式。

因此，可以将深度教学描述为一个由心灵深处与学科本质的交互融合关系、心灵深处与持续建构的相互支持关系和持续建构与学科本质的相互依存关系三者有机结合而成，共同促进学生意义建构的活动结构。深入分析这个活动结构，可以帮助我们逐步揭示深度教学的基本性质、支持条件和实现机制。

（1）心灵深处与学科本质的交互融合。心灵深处与学科本质的交互整合反映的是深度教学在学生与学科方面的关系状态。这种关系状态受制于三个方面的因素：①教师能否把握住学科教材的本质，这反映了教师的学科教材理解方式及其水准，并在很大程度上是制约学科教学深度的重要源头；②教师能否把握住学生心灵的深处，这反映了教师对学生兴趣、情感和思维的把握状况，并决定着学生在课堂教学中是深度参与还是浅层参与；③教师能否把握住学科教材本质和学生心灵深处的联结处，这决定了学生心灵深处与学科教材本质之间是交互融合还是相互分离。

显然，如果教师无力把握住学科教材的本质，不能把握住学生深层的兴趣、情感和思维，教学就只能在表层、粗浅的水平上进行，因为它失去了深度教学的基础和前提。而在学生心灵深处与学科教材本质的关系方面，即使教师把握住了学科教材的本质和学生心灵的深处，但如果学生心灵深处与学科教材本质相互分离，学科教材就难以进入学生深层的兴趣、情感和思维，学生也难以真正参与到学科本质的深度建构中，从而在很大程度上降低了学生学科学习的深度。

反之，在学生与学科的关系层面，深度教学要求具备三个基本条件：①教师转变自身的学科教材理解方式，提升自身的学科教材理解水准，能够全面、准确地把握学科教材的本质内涵；②教师熟悉学生兴趣、情感和思维的需求及特点，能够走进学生的心灵世界，在学科教材中准确地找到学生兴趣的引发处、情感的共鸣处和思维的迸发处；③教师能够准确地找到学科教材本质与学生兴趣、情感、思维的联结处，并通过问题设计，实现学生心灵深处与学科教材本质的交互融合。

（2）学科本质与持续建构的相互依存。学科本质与持续建构的相互依存反映的是深度教学在学科与学习方面的关系状态。在一定程度上，深度教学就是引导学生不断建构学科本质的过程：一方面，学习是一种持续的建构过程，这种持续建构需要指向于学科的本质，以对学科本质的持续建构作为重要目标。另一方面，学科本质的学习需要一个持续的过程，需要一个持续建构的过程，反过来也才能对学生产生持久的影响，使学生产生持续的变化。正是在这种意义上，学科本质与持续建构的相互依存乃是深度教学的第二个存在状态。

学科与学习的关系状态有三种情况：①粗浅型。教师既没能把握住学科教材的本质，又没能为学生打开持续建构的学习过程。在这种情况下，无论是教学内容还是教学过程，都没有任何深度可言。②分离型。教师能够把握住学科教材的本质，但没有为学生打开持续建构的学习过程；或者，教师虽然试图为学生打开持续建构的学习过程，但自身对学科本质的把握却不到位。在这种情况下，深度教学只能在一定范围内非常有限地实现。

③依存型。教师既能准确地把握住学科教材的本质，又为学生实际地打开了持续建构学科本质的学习过程。在这种情况下，深度教学能够在一定范围内比较完好地实现。

因此，在学科与学习的关系层面，除了前文已经涉及的教师对学科教材本质内涵的把握之外，深度教学还需要具备一个基本条件：教师需要认识到学习的持续性与建构性本质，善于设计兼具顺序性与层次性的活动序列，引导学生对学科本质展开持续的建构。

（3）心灵深处与持续建构的相互支持。心灵深处与持续建构的相互支持反映的是深度教学在学生与学习方面的关系状态：一方面，学生对学科本质的持续建构需要触及学生心灵的深处，有赖于学生兴趣、情感和思维的实质性参与；另一方面，学生持续建构学科本质的学习过程反过来又会不断激发学生的兴趣、情感和思维。这里涉及两个问题：①如何激发学生的兴趣、情感和思维以支持学生的不断建构；②如何设计持续建构的学习活动以维持学生的兴趣、情感和思维。在实践中，前者有赖于学科问题的精妙设计，后者取决于学习活动的类型、序列与方式。

在学生与学习的关系层面，如果教师既没能激发学生的兴趣、情感和思维，又没能为学生设计持续建构的学习活动，这样的教学注定是没有多少深度的。如果教师激发出了学生的兴趣、情感和思维，但没有为学生设计持续建构的学习活动；或者教师为学生设计了持续建构的学习活动，但没有能够激发出学生的兴趣、情感和思维，而且这里的教学只能是在一定范围内具有比较有限的深度。只有当教师既激发出了学生的兴趣、情感和思维，又设计出了持续建构的学习活动以维持学生的兴趣、情感和思维，这样的教学才具有比较完好的深度。不管是学生兴趣、情感和思维的激发，还是促进学生持续建构的学习活动序列设计，都有赖于教师的引导。显然，在学生与学习的关系层面，深度教学需要具备两个基本条件：①基于学科问题的学习活动序列设计；②促进学生持续建构的学习引导。

深度教学的三重关系结构表明：学生心灵深处与学科教材本质的交互融合、学生持续建构与学科教材本质的相互依存以及学生心灵深处与学生持续建构的相互支持是深度教学的三重前提条件。总的来说，深度教学的实现必须满足五个基本条件：①全面、准确地分析和把握学科教材的本质；②依托学科教材准确地定位学生兴趣的引发处、情感的共鸣处和思维的迸发处；③设计出既能触及学生兴趣、情感和思维深处，体现学科教材本质，又能有效沟通这两者联系的学科问题；④设计出既能促进学生持续建构学科教材本质，又能激发学生兴趣、情感和思维的活动序列，其实质是基于学科问题的学习活动序列设计；⑤借助学科问题设计和学习支持，引导学生不断地建构学科本质和理解意义。

2. 深度教学的主要框架

深度教学的操作框架可以归纳为：一个终极价值；两个前端分析；四个转化设计；四

个导学模式。其中，价值导向是深度教学的核心价值，分析、设计与引导是深度教学的三个实践环节，分析与设计之间、设计与引导之间以及引导与分析之间则形成双向生成的互动关系。

（1）一个终极价值。一个终极价值是指促进学生的意义建构与持续发展，人是意义的追寻者和存在物，是意义的社会存在物。人在意义中存在，在存在中发展，在发展中不断提升意义。正是意义，成为人的存在之本和发展之源。凡是有点深度的教学，都必须立足于学生作为人的这种本质规定性，引导和促进学生的意义建构与持续发展。这是深度教学的核心价值和终极追求。

所谓"意义建构"是指学习者根据自己的经验背景，对外部信息进行主动的选择、加工和处理，从而获得自己的意义，获得基于自身的而非他人灌输的对事物的理解。"意义"大致包含三种含义：①语言文字或其他符号所表示的内涵和内容；②事物背后所包含的思想和道理；③事物所具有的价值和作用。具体而言，深度教学条件下学生要建构的意义主要包括以下两个层面：

第一，知识层次的意义。知识层次的意义主要涉及知识的产生与来源、事物的本质与规律、学科的思想与方法、知识的关系与结构以及知识的作用与价值。

第二，生命层次的意义。人的生命的核心是精神生命，所谓人的生命意义其实就是人的精神意义。这即是说，生命层次的意义其实就是学生的精神意义，在教学条件下学生的精神意义主要包括五个方面：需要与兴趣、愿望与理想、意识与思想、情感与精神、价值与信仰。

（2）两个前端分析。两个前端分析是指学科教材与学生学情的深度分析，学科教材的分析状况在很大程度上决定着学科教学内容的深度，学生学情的分析状况又在很大程度上影响着学生学习过程的质量。学科教材与学生学情的深度分析是深度教学的两个前提。

学科教材的深度分析主要表现在四个方面：①深刻性，即超越学科教材的表层，深刻把握学科教材的本质与内核；②完整性，即超越学科教材的"双基"，能够从多个维度把握学科教材的完整内涵；③反思性，即超越学科教材的具体性知识，反过来领会具体性知识背后的本体性知识；④整体性，即超越学科教材的局部认知，善于从整体上把握学科教材的基本结构。

学生学情的深度分析要从三个方面着手：①前理解。深入分析学生的先见、先知和先验，从中定位学生学习的关节点和困难处。②内源性。深入分析学生的兴趣、情感和思维需要，从中定位学生兴趣的引发处、情感的共鸣处和思维的迸发处。③发展区。深入分析学生的最近发展区，从中定位学生学习与发展的层次序列。

（3）四个转化设计。四个转化设计是指从目标的内容化到活动的串行化，从实质上讲，教学结构其实是学科教材结构和学生心理结构的深层转换，而学生的学习与发展状况其实取决于教学结构的状况。换言之，教学设计必须抓住教学实践中的若干关键转化环节，做好转化设计。基于学科教材和学生学情的深度分析，深度教学需要做好四个转化设计：目标的内容化、内容的问题化、问题的活动化与活动的串行化。

第一，目标的内容化。在做好学科教材和学生学情两个前端分析之后，教师首先需要做的是深度教学的目标设计。深度教学的目标可以从两个方面加以考虑：①体现终极价值。深度教学的目标设计始终都要将促进学生的意义建构与持续发展作为终极价值追求，其中的关键是确定学生意义建构的内容和程度。②聚焦核心素养。深度教学的目标设计要对着重培养学生的核心素养加以明确地定位。

第二，内容的问题化。教学内容，在没有与学生发生关联之前，它就是一种外在于学生的客观存在。如果教学内容始终不能与学生发生某种实质性的关联，课堂就不可能产生任何有深度的教学。将外在的教学内容与学生的主观世界沟通起来，其中一种有效的实践方式就是学科问题的设计，即教学内容的问题化。在这里，学科问题具有多重深度教学的价值与作用：①学科问题是学科与学生的关联器，它能够沟通学科教学内容与学生内心世界之间的联系，从而为学生的深度建构提供认识上的前提；②学科问题是触及学生心灵深处的触发器，它能够不断激发学生的兴趣、情感和思维；③学科问题是促进学生持续建构的维持器，它能够在很大程度上促进学生不断的建构。因此，如何将精选出来的教学内容转化设计成恰当的学科问题，成为深度教学的第二个设计任务。

第三，问题的活动化。如果学科问题是沟通学科教学内容与学生内心世界的关联器，是触及学生心灵深处的触发器，是促进学生持续建构的维持器，那么这三个方面的价值和作用最终还需要借助活动这个机制才能实现。在这里，问题与活动构成了一种双向建构和相互支持的关系：一方面，问题为活动提供了目标、内容上的依据和动机上的支持；另一方面，活动又为问题的提出与探究提供了平台。不仅如此，活动不仅是教学的基本实现单位，而且还是学生学习与发展的实现机制。在深度教学中，学生正是在问题的引导下，通过活动这个平台和机制，不断展开对学科本质和自我意义的建构。说得再明确一点，"问题—活动"乃是深度教学条件下学生学习与发展的双重心理机制。这意味着，如何依据学科问题，科学合理地设计学科学习活动，是深度教学实践中教师需要做好的第三个转化设计。

第四，活动的串行化。为了引导学生持续的建构，不断地提升学生学习与发展的水平，教师在深度教学实践中需要做好第四个设计，即活动的串行化设计。所谓序列，是按照某种标准而做出的排列。在深度教学中，活动的串行化设计主要遵循四个标准：①顺序性。根据学生的认知特点与思维顺序，考虑活动的先后顺序，做到各种活动的切换自然得体。②主导性。抓住学生学习的关节点和困难处，准确定位学生学习的主导活动，做到关节点和困难处的学习突破。③层次性。根据学生的最近发展区，依次设计不同的学习阶梯，促进学生渐次提升学习与发展的水平。④整合性。根据教学的核心目标，优化组合各种类型的教学活动及其要素，发挥教学对于学生发展的整体效应。

（4）四个导学模式。四个导学模式是指，从反思性教学到理解性教学，深度教学的反思性、交融性、层次性与意义性决定了深度教学的四个基本导学模式：①反思性教学是教师引导学生通过间接认识、反向思考和自我反省等认知方式，达到对学科本质的深入把握和对自我的清晰认识；②对话式教学是教师为了引导学生完整深刻地把握课程文本意义，按照民主平等原则，围绕特定话题（主题或问题）而组织的师生之间、生生之间和师生与文本之间的一种多元交流活动；③阶梯式教学是教师根据学生的最近发展区，借助学习阶梯和支架的设计，不断挑战学生的学习潜能，逐渐提升学生的学习与发展水平；④理解性教学旨在营建一种以意义建构为目的的学习环境，以学生的前理解为基础，引导学生通过多向交流，达到对知识意义与自我意义的真正理解，进而提升自己的生命价值。

作为深度教学的四个基本导学模式，反思性教学、对话式教学、阶梯式教学与理解性教学都是为了促进学生的持久学习，都是以促进学生的意义建构与持续发展作为核心价值和共同目标。四者之间相互联系，相互支持，共同构成深度教学的实践体系。对于深度教学的这四个基本导学模式，教师需要从整体上加以理解，并在实践中加以综合灵活地运用。

深度教学的实现与否取决于教师四个方面的实践智慧：①分析力，即对学科教材和学生学情的深度分析；②设计力，即目标的内容化、内容的问题化、问题的活动化与活动的串行化设计；③引导力，即反思性教学、对话式教学、阶梯式教学与理解性教学四个导学模式及其策略的运用；④认识力，即对生命与智慧、学科与教材、知识与能力以及学习与发展四大课堂原点问题的深入认识。

3. 深度教学的性质分析

根据深度教学的活动结构及其条件，深度教学在一定的范围内是有可能的，但是也是需要条件的。但从根本上讲，事物的性质决定事物的规律与方法，而事物性质的不同表现又与它的类型密切相关。揭示深度教学的基本性质，在方法论上需要明确两点：①事物的性质与事物的结构密切相关。换言之，深度教学的结构在很大程度上决定着它的基本性质。②事物的性质是事物本质的具体表现。对于深度教学基本性质的揭示，其实质是对深度教学本质内涵的进一步认识。根据深度教学的本质内涵与基本结构，深度教学具有四个基本性质：深刻性、交融性、层次性、意义性。

（1）深刻性。深度反映的是触及事物本质的程度。具体而言，深度教学就是要触及学生的本质，触及学科的本质，触及学习的本质，触及发展的本质。这"四个触及"决定了深度教学具有深刻性。相应地，深度教学的深刻性集中表现在四个方面：①触及学生心灵的深处；②深入学科教材的本质；③引导学生持续的建构；④对学生产生深远的影响。深度教学的深刻性决定了深度教学应当实施反思性教学。

（2）交融性。在某种程度上讲，深度教学是要沟通和融合教学内部的各个要素、各种关系和各个环节，以充分发挥教学对于学生学习与发展的整体效应。这就决定了深度教学具有交融性。一般而言，深度教学的交融性表现在四个方面：①学生与学科的交互融合，即学生深层的兴趣、情感、思维与学科教材本质的交互融合；②学生与学习的相互支持，即学生深层的兴趣、情感、思维与学生持续建构过程的相互支持；③学科与学习的相互依存，即学科教材本质与学生持续建构的相互依存；④师生之间的心灵融通，即师生之间在兴趣、情感和思维上面的心灵融通。深度教学的交融性决定了深度教学应当实施对话式教学。

（3）层次性。深度教学重在引导学生通过深切的体验和深入的思考，帮助学生达到对学科本质的深层理解，进而理解自然，理解社会，理解他人，最终理解自我，实现自我。这里的关键之一是根据学生学习与发展的水平序列，为学生打开不断向纵深推进的学习过程。深度教学的层次性集中表现于学习活动及其过程的阶梯性。深度教学的层次性决定了深度教学应当实施阶梯式教学。

（4）意义性。如果教学没能进入学生的精神世界和意义领域，这样的教学是没有深度的教学。从根本上讲，深度教学就是引导学生建构知识意义、提升自我生命意义的教学。这里的"意义"涉及两个方面的内涵：①学生对知识意义本身的建构；②学生通过知识建构丰富和提升自我的生命意义与精神意义。这就是深度教学的意义性。

深度教学的意义性集中表现在三个方面：①教学目的，即不仅引导学生获得知识，而且引导学生获得意义；②教学内容，即在学科教学内容之间以及学科教学内容与学生心灵深处之间建立其非人为的实质性关联；③教学过程，即促进学生的兴趣、情感和思维在学生持续建构过程中的深度参与。深度教学的意义性决定了深度教学应当实施理解性教学。

4. 深度教学的实践样态

根据深度教学的程度、条件和范围，深度教学的实践样态存在以下四种类型：

（1）完全缺失的深度教学。目前初中普遍存在的一种教学情况：教师不能全面、准确地把握学科教材的本质，不能依托学科教材找到学生兴趣的引发处、情感的共鸣处和思维的迸发处。如此一来，教师自然难以设计出既能触及学生兴趣、情感和思维深处，又能体现学科教材本质，并且能够有效沟通这两者联系的学科问题；难以设计出既能促进学生持续建构学科教材本质，又能激发学生兴趣、情感和思维的活动序列。其结果是，学生难以达到对学科本质意义的深层建构和真正理解。

（2）点上突破的深度教学。教师虽然没能建立起学生兴趣、情感、思维与学科教材本质的交互融合关系，学生持续建构与学科教材本质的相互依存关系以及学生兴趣、情感、思维与学生持续建构的相互支持关系，但是在把握学科教材本质，依托学科教材定位学生兴趣的引发处、情感的共鸣处和思维的迸发处，以及设计持续建构的学习活动三个点位上，实现了某个（些）点位的突破，此时的教学就是点上突破的深度教学。这种情况的深度教学在初中并不少见：教师能够在某个孤立的点位上为深度教学创造条件，但又没有能够真正沟通学生、学科与学习之间的实质性联系。

（3）局部突破的深度教学。教师不仅在把握学科教材本质，依托学科教材定位学生兴趣的引发处、情感的共鸣处和思维的迸发处，以及设计持续建构的学习活动三个点位上，实现了某个（些）点位的突破，而且还在学生心灵深处（兴趣、情感、思维）与学科教材本质的交互融合关系、学生持续建构与学科教材本质的相互依存关系以及学生兴趣、情感、思维与学生持续建构的相互支持关系三个方面，实现了某个（些）方面的突破，此时的教学就是局部突破的深度教学。

（4）完整鲜明的深度教学。某些特级教师和教学名师的教学就是这种情况：教师能够在深入把握学科教材本质和学生兴趣、情感、思维深处的基础上，通过学科问题设计和基于学科问题的学习活动设计，沟通学生、学科与学习之间的多向交互关系，引导学生持续建构学科教材本质，促进学生意义理解和持续发展。

（二）深度教学模式的具体构建

1. 反思性教学模式的构建

深度教学是引导学生深度建构学科教材的本质，唯有通过反思，学生才能真正把握学科教材的本质。这就是深度教学的第一个教学模式：深入学科教材本质的反思性教学。

（1）反思性教学的理念。在初中教学中，虽然教师都主要承担的是某一个学科的教学，但很多教师又常常将自己的任务理解为教教材。其结果是：学生只是学了几本教材，却没能真正认识这门学科；学生只是学到了某些粗浅的教材知识，却很少把握该门学科的精髓。长期以来，学生自然难以发展出良好的学科核心素养。改变这种状况的前提就是转变我们的教材观念：教师的教学任务不是教材，而是用教材教，教师用教材来教学生学习学科。鉴于学生学习时间和精力的有限性，教师的任务主要是用教材来引导学生把握学科的本质，其原因就是为了更好地解决时下人们普遍关注的话题——培育学生的学科核心素养。不管是引导学生把握学科的本质，还是培育学生的学科核心素养，首先是引导学生借助教材来学习学科，简单而言，就是要引导学生着重从学科的以下五个要素来展开学习：

第一，对象—问题。所有学科都有自己特定的研究对象和研究问题。例如，物理学主要研究物质世界最基本的结构、最普遍的相互作用和最一般的运动规律，数学主要研究现实世界的数量关系和空间形式。而在各门学科内部的不同领域，又涉及具体的研究对象和研究问题。

第二，经验—话语。所有学科都有自己特定的经验形式与话语体系。对于初中学生而言，就是要掌握不同学科的基本活动经验、问题表征方式和语言表达特点。

第三，概念—理论。所有学科都有自己特定的概念系统与理论体系，具体表现为学科中的概念、原理、结构和模型等概念性知识。

第四，方法—思想。所有学科都蕴含经典的思想方法，包括哲理性的思想方法、一般性的思想方法与具体性的思想方法。

第五，意义—价值。所有学科都有自己独特的意义与价值，具体表现为学科知识的作用与价值以及学科知识所蕴含的情感、态度与价值观。

（2）反思性教学的目标。就教学目标而言，深入学科教材本质的反思性教学旨在培育学生的学科核心素养。学科核心素养特指那些具有奠基性、普遍性与整合性的学科素养。其中，具有奠基性的学科素养是指那些不可替代和不可缺失，甚至是不可弥补的学科素养，如学科学习兴趣、学科思想方法等。具有普遍性的学科素养是指超越各个学科并贯穿于各个学科的学科素养，如思维品质、知识建构能力等。具有整合性的学科素养是指对那些更为具体的学科素养起着统摄和凝聚作用的学科素养。

从分析的意义上讲，学科核心素养的基本结构可以归纳为："四个层面"与"一个核心"。"四个层面"分别是：①本源层，即对学生的学科学习最具有本源和发起意义的那些素养，主要表现为学科学习兴趣；②建构层，即学生在学科学习中所具有的知识建构能力，主要表现为发现知识、理解知识和构造知识的能力；③运用层，即学生运用学科知识解决问题的能力，集中表现为实践能力与创新能力；④整合层，即学生在长期的学科学习中通过领悟、反思和总结，逐渐形成起来的具有广泛迁移作用的思想方法与价值精神。"一个核心"是指学科思维。正是依靠学科思维的统摄和整合，学科核心素养的所有四个层面及其各个要素才形成了有机的整体。

本书认为有四个因素与学科核心素养的发展密切相关：①学科活动经验；②学科知识建构；③学科思想方法；④学科思维模式。其中，学科活动经验是学科核心素养发展的重要基础。离开学科活动经验，学科核心素养的发展便成为无源之水。知识建构能力不仅是影响学科核心素养发展的重要影响因素，而且它本身就是学科核心素养的组成部分。作为学科的精髓与核心，学科思想方法在一定程度上决定着学科核心素养的发展状况。学科思维模式是特定学科的从业者和学习者在分析问题与解决问题时普遍采用的思维框架和思维方式，它在学科核心素养发展中起着决定和整合的作用。

（3）反思性教学的方向。在教育意义上，"学科"是指教学科目。在学科课堂中，教师的直接任务是引导学生学习学科。引导学生学习学科是引导学生学到学科中最有价值的知识。而在深度教学的视域中，其实质是要引导学生把握学科的本质，对于这个问题，可以从两个方面加以思考：①研究对象。学科的研究对象决定着学科的本质。不同的学科有着不同的研究对象，不同学科的各个分支也有不同的研究对象。不同学科的不同研究对象决定了不同学科的研究过程、研究方法和研究结果的不同。具体而言，学科的研究对象就是学科的独特研究问题。因此，独特的研究问题决定着学科的本质。②存在形态。学科的存在形态决定着学科的本质。任何学科都具有三个基本存在形态：知识形态、活动形态与组织形态。学科的知识形态主要表现为学科的核心知识，包括核心的概念、原理和理论等。学科的活动形态主要是指学科研究者发现知识和解决问题的活动样态，具体表现为学科的研究方法与研究手段。学科的组织形态主要是指学科知识的组织系统，常常表现为学科的基本结构。

从操作的意义上讲，教师可以着重从五个方面引导学生把握学科教材的本质：①知识的产生与来源，即引导学生理解知识的前因后果；②事物的本质与规律，即引导学生透过现象把握事物的本质特征与普遍规律；③学科的方法与思想，即引导学生领悟学科专家发现知识和解决问题的思想方法；④知识的关系与结构，即引导学生把握知识的三重关系：前后知识之间的顺序关系、左右知识之间的并列关系、上下知识之间的层次关系；⑤知识的作用与价值，即引导学生理解知识的功能、作用以及知识背后所蕴含的情感、态度与价值观。

（4）反思性教学的环节。反思总是去寻求那固定的、长住的、自身规定的、统摄特殊的普遍原则。这种普遍原则就是事物的本质的真理，不是感官所能把握的，这意味着，作为主体对自身经验进行反复思考以求把握其实质的思维活动，反思是引导学生把握学科教材本质的核心环节。

在汉语语境中，一般将反思理解为对自己的过去进行再思考以总结经验和吸取教训。在教学条件下，人们常常谈论的"反思性教学""反思性学习"都是将"反思"理解为经验的改造和优化。从源头上看，"反思"乃是一个外来词，为近代西方哲学尤其是黑格尔哲学所常用。实际上，具有真正哲学意义的反思概念是随着近代西方哲学的发展而得以确立和清晰起来的。归纳起来，西方哲学中的反思概念大致包含以下五层含义：

第一，反思是一种纯粹思维。反思是一种纯粹的思维，即纯思。换言之，反思是一种以思想本身为对象和内容的思考，是对既有思想成果的思考，是关于思想的思想。

第二，反思是一种事后思维。一般而言，后思首先包含了哲学的原则，哲学的认识方式只是一种反思，意指跟随在事实后面的反复思考。可见，反思是一种事后和向后的思索与思考。

第三，反思是一种本质思维。反思是对自身本质的把握，这是反思的最重要含义。任何反思，都是力求通过现象把握本质，通过个别把握一般，通过有限把握无限，通过变化把握恒常，通过局部把握整体。

第四，反思是一种批判思维。反思一词含有反省、内省之意，是一种贯穿和体现批判精神的批判性思考。换言之，反思不仅内含批判精神，而且是批判的必要前提。简单地说，批判就是把思想、结论作为问题予以追究和审讯的思考方式。

第五，反思是一种辩证思维。真正彻底的反思思维不仅是纯粹思维、事后思维、本质思维和批判思维，而且必须是辩证思维。因为只有辩证思维，才是达到真正必然性的知识的反思。

回到教学领域，我们可以从五个维度来理解学生的反思：①反思的目的。反思不是简单的回忆、回顾，其目的主要是把握学科本质，进而不断优化和改进自身的知识结构、思维模式与经验体系。②反思的方向。作为事后思维，反思一定是向后面的思维、反回去的思维，是学生对自己已有思考过程及其结果的反复思考。③反思的对象。学生反思的对象不是实际的事物和活动，也不是直观的感性经验。反思是学生对自己思考的思考，是学生对自己已获知识的思考，是学生对自己已获知识的前提与根据、逻辑与方法、意义与价值等方面的思考。④反思的方式。反思的本质含义决定了反思的基本方式是反省思维、本质思维、批判思维与辩证思维。⑤反思的层次。反思不是初思，而是再思、三思、反复思考。如果说初思有可能还停留于感性的认识水平，那么反思则是通过反复思考达到了理性的认识水平。

（5）反思性教学的模式。引导学生把握学科本质的教学模式是反思性教学。这里的反思性教学不是教师发展意义上的反思性教学，而是学生发展意义上的反思性教学。简单地讲，学生发展意义上的反思性教学是指学生在教师引导下通过反思思维，把握学科教材本质进而优化和改造自身知识结构、思维模式与经验体系的教学形态。教师要从目标、内容、过程、方式与水平五个维度，确立反思性教学的基本实践框架。

第一，反思性教学的目标：把握学科本质。反思性教学的目标是引导学生透过现象把握本质，透过局部把握整体，透过事实把握意义。换言之，引导学生把握学科教材的本质和学科知识的意义。

第二，反思性教学的内容：知识的过程、方法与结果。这种教学模式是让学生学会对自己的知识进行理解和不断反思。反思性教学涵盖了三方面内容：一是把学到的知识看作一种过程进行反思，主要是学生要学会在获取知识的过程中进行反思；二是将所学的知识看作一种结论进行反思，其中包括逻辑思维和行为方法、价值观念等方面；三是将所学的知识看作一个问题进行反思，让学生学会质疑和批判。

第三，反思性教学的过程：从矛盾到重建。在实践中，反思性教学会创造问题的环境，从而给学生造成疑惑的感觉，这样会有认知的矛盾，所以学生就会努力去做到知识平衡，最后回归到教材，重建自己的知识结构。

第四，反思性教学的方式包括了四个不同的思维方式：反省思维、本质思维、批评思维和辩证思维。这四种思维模式循序渐进地引导学生，从而达到反思性教学的目的。反省思维其实就是让学生在学习的过程中找到一些办法，并对这些方法进行反省，从而得出一些心得体会，最终提高学习效率。本质思维就是教会学生通过现象看清事物的本质。在实践中，教师应该将知识的缘由作为重点，其次就是事物的本质、学习学科的方法、各学科之间的知识联系等，让学生看到学科的本质和知识核心，最终能让学生真正地掌握知识。批评思维就是让学生敢于质疑，这样一来能让学生具有一定的批评精神，从而激发出内心的创新精神。辩证思维的出发点就是整体与发展的观点，学生要学会用这一观点来看待问题，能看到事物的发展性，也能看出事物的对立性，辩证地看待事物，既能看到好的方面，也能看到不好的方面。

第五，反思性教学的水平：从回顾到批判，根据学生反思的水平，可以将反思性教学区分为回顾、归纳、追究与批判四个层次。其中，在回顾水平上，反思性教学只是引导学生对自己知识的过程、方法与结果进行回忆。这种水平的反思性教学在实践中比较多见，一个典型的表现就是教师只是让学生对自己学习的得失进行反思。在归纳水平上，反思性教学引导学生对先前知识的过程、方法与结果进行梳理与归纳，但此时的知识还主要停留于经验水平和概念水平。在追究水平上，反思性教学引导学生对知识的产生与来源、事物的本质与规律、学科的方法与思想、知识的作用与价值等方面进行反复地探求与追寻。在批判水平上，反思性教学引导学生将自己已获得的知识作为问题加以质疑和拷问，其着眼点在于提升学生的问题意识、批判精神与创新能力。

2. 对话式教学模式的构建

教育之道，道在心灵。现行教学专注于知识的堆积而远离学生的心灵，学生因此缺乏情感的体验、智慧的刺激和生活的感悟而没有灵性，课堂缺乏生命的活力和意义的显现。在这种情况下，教学毫无深度可言。换言之，深度教学不是远离学生心灵的教学，它一定是触及学生心灵深处的教学。因此，对话式教学才能触及学生心灵的深处，这就是深度教学的第二个教学模式：触及学生心灵深处的对话式教学。

（1）对话式教学的根源。教育是心灵的艺术，教学是心灵的启迪，教师是人类灵魂的工程师，凡是与教育有关的人都熟悉这些名言和说法。在实际的教学中，学生心灵沉睡的现象不在少数。归纳起来大致有以下三个方面的表现：

第一，"无心"现象。教师不了解学生的心灵世界少有瓜葛，难以引起学生心灵的共鸣与回应，致使教师的教学与学生的心灵处于两相平行而很少相交。

第二，"走心"现象。教师的教学与学生的心灵世界有些关联，偶尔会引起学生心灵的共鸣与回应，但终究未能走进学生心灵的深处，此时的课堂止步于学生心灵的表层，很少触及学生深层的需要、兴趣、情感和思维，自然就会产生学生一笑而过、一时兴起而难以持续投入等现象。

第三，"偏心"现象。教师的教学单纯强调学生心灵的理性部分，很少关注学生心灵的情感、精神部分，教师的教学单纯强调学生的逻辑思维，很少关注学生的感知与体验、直觉与领悟。在这种情况下，课堂将学生心灵的理性部分放置在课堂的绝对统治地位，学生心灵世界中更具有生命本源意义的部分却被放逐在课堂之外。长期以来，教学非但不能建构学生的意义世界和生成学生的精神整体，反而会使学生的意义世界和精神人格不断陷入贫乏。课堂教学中存在的"无心""走心""偏心"现象又说明教学并没有能够兑现它的承诺，这主要有以下三个原因：

首先，教学本质问题的认识束缚。教师对于这个问题的认识与回答，必然会对教师的具体教学实践起着根本的导向和规范作用。长期以来，学者们主要是在认识论（实践认识论、社会认识论或建构认识论）的框架下去揭示教学的本质，由此产生了特殊认识说、认识—实践说、认识—发展说、交往活动说与建构活动说等基本观点。与此相适应，处于第一线的教师很容易将教学理解为一种纯粹的知识活动。在这种情况下，教师自然难以从'心灵'的高度去理解教学的本质，所谓"教学是心灵的唤醒与启迪"等观点只是教师用以粉饰自己职业的辞藻，或者只是教师教事之余的感想与议论。这意味着，我们必须突破狭隘的认识论视角，将我们对教学本质的理解提升到心灵的高度。否则，无论我们选择何种路径、采取何种方式来改进教学，它都难以真正进入学生的心灵世界。

其次，学生心灵世界的难以言说性。教学之所以难以走进学生的心灵世界，难以成为唤醒和启迪学生心灵的艺术，其中还有一个原因就是心灵世界本身的难以言说性。在教学生活中，我们能够清楚地将作为人的学生区分为身（身体）和心（心灵）两个部分。因此，要让教学成为唤醒和启迪心灵的艺术，在理论上必须突破心灵概念的认识难关，进而去揭示心灵的构成与机制。否则，教师就会因为难以付诸实践而将教学阻挡在学生的心门之外。

最后，课堂教学实践的功利法则。对于任何事物，我们先看到的是它的实用价值，关注的是它能否给我们带来实实在在的功利，却很少从更为深远的意义上看到事物的非功利价值，很少看到事物对于人自身、对于人的心灵所具有的精神建构价值，因而也很难领悟"无用之处是其大用"的深刻智慧。在这种认识模式下，一切教育活动包括课堂教学便只能在功利的层面上加以理解，很难真正走进学生的心灵世界和意义领域。在这种情况下，所谓唤醒和启迪心灵的庄严承诺在功利化的课堂实践面前就显得很不合时宜。这又意味着，如果要兑现唤醒和启迪学生心灵的教学承诺，教育领域的每位教师都需要首先经历一次心灵的净化和洗礼。

（2）对话式教学的问题情境。设计问题的情境主要涵盖了触发问题、唤醒问题和建构问题。从事物发生的状态来看，问题情境的产生能触发学生、唤醒学生，并且让学生内心世界不断地得到建构和充实。在问题情境设计的基础上，和学生及时沟通能建立起教师和学生之间的心理桥梁，这种教学也被称为对话式教学，通过这种方式不仅可以让两者的思维不断地碰撞，也在构建着学生的内心世界。总而言之，对话式教学能在问题情境创立的基础上，达到很好的效果。

第一，学生心灵的触发器：问题情境。怎样的问题情境才能触及学生心灵的深处，基于大量的课堂范例，能够触及学生心灵深处的问题情境通常都能够引起和激发学生的注意力、好奇心、求知欲、探究欲和共鸣感等。具体而言，教师可以采用五个方法来创设尽量精妙恰当的问题情境。

一是，以真实生意义。问题情境的创设需要从学生的生活实际出发，尽可能让学生在真实的问题情境中展开学习，使学生真正感受到自己是在学习有实际意义的知识，真正体会到知识与生活的密切联系。

二是，以新奇激兴趣。但凡新奇的事物都能激发人的兴趣，容易引起学生的好奇与思考。教师要善于捕捉课程教材中的新奇处，进而创设出尽量新奇的问题情境。

三是，以真切动真情。生动形象的场景和真情实感容易引发学生的情感体验和情感共鸣，产生以情动情的效果。教师在创设问题情境时要善于做到情真意切，用情感架起沟通交流的桥梁，从而促进学生的主动参与和情感投入。

四是，以困惑启思维。当学生遭遇困惑时，内心就会产生一种不平衡的心理状态。为了恢复心理上的平衡，学生便会产生深入探究的欲望和冲动。教师要善于通过问题情境创造困惑，使学生产生认知冲突。

五是，以追问促深究。但凡善于引导的教师，都善于在学生已有思考的基础上，借助巧妙的追问，促使学生循序渐进、由浅入深地建构和理解知识。

第二，触及学生心灵深处的教学途径：对话式教学。借助问题情境，教师便可以采用对话式教学，不断地触发、唤醒和建构学生的心灵世界。从操作上讲，教师可以根据教学实际，分别采取问题讨论、论题争辩、成果分享、角色扮演和随机访问五种对话教学方式。

一是，问题沟通式。这种教学模式是让学生在课堂上发现问题，并且根据这个问题进行沟通讨论，并商讨出最后的解决办法。

二是，论题争论式。这种对话教学一般都要形成正反两个论题，由此让学生自己分为正反方，让学生通过辩论赛的形式真正地理解知识。

三是，结果分享式。这种教学模式主要在于让学生在完成课后作业的基础上，敢于分享自己的学习结果，达到分享的目的，让学生学会自我反思和团队协作。

四是，角色互换式。这种教学模式重视学生对相应角色的互换，而体验不同角色可以让学生体验到沟通的重要性，最后学会相应的知识。

五是，随机抽查式。这种教学模式能够让学生自发地、主动地从不同的角度，发现更多的问题，形成多种的学习方法，培养学生的合作交流能力，使其能够对学习的知识有深刻的印象。

3. 阶梯式教学模式的构建

教学贵在循循善诱。教师要善于引导学生由浅入深地认识事物，最终达到穷理尽妙、慎思敏行的学习境界。深度教学的第三个教学模式是促进学生持续建构的阶梯式教学。

（1）阶梯式教学的根据。"阶梯"的原意是指台阶和梯子，人们常常用以比喻向上、进步的凭借或途径。单纯依靠我们的经验就知道，阶梯所具有的基本特征便是它的层次性。借用到教学之中，所谓阶梯式教学，就是指教师基于学生学习与发展的现实水平，将教学活动整合设计成具有层次性的学习阶梯序列，以引导学生不断提升学习与发展水平的教学模式。

单从学生的思维建构过程来看，当下课堂教学普遍存在三大问题：①缺乏连续性，即强制性地中断学生的思维建构，致使学生的思维建构没能在一个连续、完整的过程中充分展开；②缺乏纵深性，即不自觉地将学生的思维建构限定在一个水平线上，致使学生的思维建构没能向尽可能高的层次推进；③缺乏挑战性，即习惯性地低估了学生思维建构的能力和潜力，未能更有效地挑战和挖掘学生的学习与发展潜力。正是出于对这三大课堂教学问题的反思，我们才格外强调采取阶梯式教学来实现课堂教学过程的连续性、纵深性与挑战性。阶梯式教学还具有以下三个方面的内在根据：

第一，知识的层次性。知识不仅具有经验性知识、概念性知识、方法性知识、思想性知识和价值性知识五种类型，而且每个知识在逻辑上还可以区分为经验水平、概念水平、方法水平、思想水平和价值水平五个层次。基于知识的这种层次性，课堂教学应该将学生的知识学习从较低层次的经验水平、概念水平提升到较高层次的方法水平，甚至是思想与价值水平。

第二，学习的层次性。古今中外的人们都确认了学习具有层次性这个基本认识。其中具有代表性的是美国心理学家加涅将学习从低级到高级分成信号学习、刺激反应学习、连锁学习、语言的联合学习、多重辨别学习、概念学习、原理学习和解决问题学习八类学习。人们非常熟悉的美国心理学家布鲁姆则将认知领域的学习目标从低到高依次区分为知识、领会、运用、分析、综合和评价六级。学生的学习可以分为反射学习与认知学习两大类，进而又把认知学习区分成感性学习与理性学习两大层次。基于学习的这种层次性，课堂教学应该将学生的学习从低级的水平不断提升到较为高级的水平。

第三，发展的层次性。学生的发展区可以分为低级心理机能与高级心理机能两个层次。外部的物质活动是人的活动的最初形式，也是人的发展的最初形式。通过外部的物质活动，人获得的是最初的低级心理机能；通过内部的心理活动，人才能获得高级的心理机能。在最近发展区理论中，维果茨基更是明确地将学生的认识发展分成两种水平：一种是现有水平，即学生当前所达到的认识发展状态；另一种是在现有状态的基础上，经过帮助或努力所能达到的一种新的发展状态。在这两种水平状态之间存在差异，这个差异地带就是"最近发展区"。最理想的教学应该在"最近发展区"做努力，既要高于原有的认识水平，又是学生经过帮助或努力所能达到的。基于发展的这种层次性，课堂教学应该将学生的发展从现有水平不断提升到潜在的水平和可能的水平。

（2）阶梯式教学的理念。基于知识、学习与发展所具有的层次性，可以从以下四个方面，提炼和归纳阶梯式教学背后所蕴含的理念与思想。

第一，知识即由知到识。按照一般的理解，知识是人们对事物的一切认识成果。这是一种广义的理解。从词源上讲，"知"作为动词是指知道，作为名词是指知道的事物。"知道"等同于晓得、了解。但在古人看来，所谓"知道"是通晓天地之道，深明人事之理，此所谓"闻一言以贯万物，谓之知道"。"识"包括辨认、识别等意思。如果说"知"主要是指认识层面的通晓世道和深明事理，那么"识"则将人的认识拓展到实践的层面，与人的分析判断与实际问题的解决密切相关。由此观之，"知识"不是简单的晓得、了解，唯有达到事物之深层道理的把握，并付诸实际问题的解决，方能叫作知识。我们强调阶梯式教学，就是要引导学生超越知识的表层，去把握事物背后所蕴含的深刻道理，以穷其事理，尽其奥妙，最终使自己能做到慎思敏行。这就是阶梯式教学坚持的第一个观点：知识即由知到识。

第二，学习即持续建构。人们普遍认同的一个观点是：学习不是获得，而是建构，"建构"一词与"解构"相对，其原意是指建筑起一种构造。运用到学习领域，我们可以将"建构"的基本含义理解为建立自己对知识和事物的理解，构造出属于自己并能解决问题的知识结构、思维模式和意义系统。按照建构主义学习论的观点，学习首先是学习者基于自己的已有经验对知识的主动建构；其次，学习是学习者在一定情境中运用自己的已有经验对知识的主动建构；最后，学习是学习者在一定情境中运用自己的已有经验，通过学习共同体的交流合作对知识的主动建构。但学生对于知识、事物和自我的建构都不是一蹴而就的，其间涉及弥补、修正、更新、深化、整合等多种心理环节。换言之，建构本来就是一个由易到难、由浅入深、由表及里、由分到合的持续过程。这就是阶梯式教学坚持的第二个观点：学习即持续建构。

第三，发展即不断进步。教学的最终目的乃是通过学习引导促进学生的发展。发展是事物不断前进的过程，是由小到大、由低到高、由旧到新的运动变化过程。回到课堂教学中，所谓发展就是促进学生由现实状态发展到更为理想的状态，由现实水平发展到更为高级的水平。结合维果茨基的最近发展区理论，本书可以将学生在课堂教学中的发展状态由低到高区分为三种水平：①已有水平，即学生在不需要任何帮助和支持的情况下，自己已经具有和达到的发展水平；②现实水平，即学生在他人的帮助和支持下，能够具有和达到的发展水平；③可能水平，即学生在自己已有水平和现实水平的基础上，通过挑战自己和充分调动自己的潜力而最终可能达到的发展水平。在此意义上讲，阶梯式教学就是要促进学生从已有水平不断地发展到可能水平，从而帮助学生不断地实现自我。这就是阶梯式教学坚持的第三个观点：发展即不断进步。

第四，教学即持续助推。教学，始终都要为学生的发展开路，始终都要走在学生发展的前面，始终都要给学生创造不断学习与发展的台阶，始终不断地帮助和推进学生的发展变化。作为学生学习与发展的助推者，教师始终要做的最重要的事情，便是给学生提供动力、提供机会、提供方法和提供支架，全力助推学生向更有深度的学习和更高水平的发展迈进。这就是阶梯式教学坚持的第四个观点：教学即持续助推。

（3）阶梯性活动的设计。

第一，从学习过程到形成概率水平。从知识的五个层次可以看出学生学习的过程一般都是从概念的形成，慢慢地形成自己的思想，最后形成自己的知识结构。这是阶梯性活动设计的一个办法：学习过程—形成概念—形成办法—形成思想—找到价值。

第二，从开始认识到悟性认识。我们可以根据学生的思想层次发展看出他们的认识发展都是要经过开始认识然后到悟性认识，最终构建自己的知识框架。这是阶梯性活动设计的第二个办法：开始认识—理性认识—悟性认识。最初，开始认识就是学生最开始只能看出事物的一些表面现象，对其只能达到最初步的认识。随着时间的推移，学生通过学习，将没有关系的对象进行联系与结合，看出里面的相似点，对事物的规律现象能有进一步的认识。而理性认识就是学生可以看出事物的本质特征，而且已经有了自己的判断能力和认知能力。悟性认识就是学生在前面几个过程的历练中，可以有自己的思维模式和解决问题的办法。

第三，从个案学习到活化学习。根据范例教学论的基本观点，学生的知识学习需要经历一个从个别到一般、从具体到抽象、从客观世界到主观世界逐渐深化的过程。鉴于此，教学过程可以分成四个环节：①范例性地阐明"个"的阶段；②范例性地阐明"类"的阶段；③范例性地掌握规律和范畴的阶段；④范例性地获得关于世界和生活经验的阶段。这就是设计阶梯性活动的第三个思路：个案学习—种类学习—普遍学习—活化学习。

第四，从独立学习到挑战学习。根据学生的发展状态，学生的发展需要经历一个从已有水平到现实水平，最后到可能水平的变化过程。相应地，可以将学生的课堂学习分为独立学习、协作学习、集体学习与挑战学习四个层次。这就是设计阶梯性活动的第四个思路：独立学习—协作学习—集体学习—挑战学习。

（4）阶梯性活动的学习支架。阶梯性活动就是给学生提供一个学习的模式场所，依靠这种场所，学生的学习能力能不断地提升。就像建筑工程里面的房子结构要用支架来支撑，学习和发展也需要支撑。所以，我们必须给学生提供学习发展和提升的平台与支架。

在建筑工程中，"支架"是一个专业词汇，是一个构架的支撑点。在教学中，"支架"

则变成了提升学生水平和能力的一个平台。我们可以根据现有的资源，将支架归为两种类型：主导型支架和支持性支架。所谓主导型支架就是教师采用科学的办法来督促学生学习；支持性支架是对于学生在学习过程中所产生的一些需要，教师能起到支持和帮助作用。

第一，指导性支架的设计。根据教学的实际经验，教师可以采用"以追问促探究""以交流促理解""以概括促整合"和"以实践促反思"四个方法，来设计指导性支架以促进学生的阶梯性学习。

"以追问促深究"。例如，在教《等腰三角形的性质》一课时，多数学生能够猜出等腰三角形的两底角相等，教师可以追问：等腰三角形的两底角真的相等吗？为什么？

"以交流促理解"。例如，在教《等腰三角形的性质》一课时，教师可以引导学生围绕"如何探究等腰三角形的基本性质"这个问题展开交流，以促进学生对等腰三角形基本性质的理解。

"以概括促整合"。例如，在教《数列》一课时，教师可以引导学生在学习数列的定义、类型及特征等方面的基础上，概括出数列的本质，以促进学生对数列相关知识的整合。

"以实践促反思"。例如，在教《等腰三角形的性质》一课时，教师可以引导学生利用直尺等工具构造出一个等腰三角形，以促进学生反过来思考等腰三角形的基本性质。

第二，支持性支架的设计。根据学生学习的实际需要，促进学生阶梯性学习的支持性支架常常包括问题、情境、概念、图表、模型、案例等工具和手段。

四、初中数学分层教学模式设计

"分层教学"是指将学生之间知识基础、学习能力的差异等作为教学的出发点，通过对班级组织形式和教学方式方法进行全面调整，营造出"分类指导、因材施教、个性发展"的教学环境，使不同需求层次的学生都能找到符合自身实际情况的学习目标，并且相对容易达到其学习目标的一种"差异化创新"教学方式。

（一）分层教学模式的基本特征

1. 有利于教师专业教育素质提升

新课程改革之后，教学越来越注重目标多元性。分层教学模式对教师的专业素质以及教育理念提出了更高的要求，它强调教师需要深入研究数学教学当中使用的教学方法以及教学模式。具体来讲，分层教学模式要求教师要从三个层次对数学教学内容、数学习题练习以及数学学习评价进行设计。与此同时，教师还要按照教学大纲提出的要求科学地设置学习目标，考虑不同学生提出的个性需求。教师应该尽最大可能地运用自身的专业技能以及知识构建系统化的数学知识体系。对于数学教师来讲，数学专业素质的提升不应该仅仅是教学过程中外界提出的教育要求，更应该是其个人成长过程中产生的内在需要。

2. 提高所有学生的学习认知能力

素质教育强调教育必须以学生为基础，必须覆盖到全体学生，必须满足所有学生提出的学习需要，要关注到学生的个性化学习需求。分层教学模式符合素质教育理念的要求，解决了过去统一教学所带来的矛盾。分层教学模式可以帮助基础不牢固的学生学习基础知识，吸收基础知识，也可以让学习较好的学生形成更强的学习动力，积极主地的参与学习。

使用分层教学模式之后，所有学生都会清楚自己要完成哪些学习任务。分层教学模式为学生提供了适合其发展水平的目标和任务，这会使得学生有更大的主动性愿意参与学习，愿意完成任务。使用分层教学模式之后，学生展现出了更多的数学学习信心，在数学活动当中也显现出了更大的活力，而且，在坚持一段时间后，学生会发现数学学习的兴趣所在。使用分层教学模式要求数学教师了解不同层次的学生的学习最近发展区，在此基础上预设学生接下来发展能够达到的水平，然后帮助学生，指引学生跨越最近发展区，提升数学水平及数学能力。

3. 充分发挥学生的教学主体作用

学生是课堂教学的主体，分层教学模式强调数学教师除了对学生进行学习层次划分之外，也需要对数学知识进行层次划分，让学生逐层地掌握要了解的数学知识。数学学科的知识是相对抽象的，想要将抽象知识运用在现实问题具体问题当中，就需要学生发挥主动性，主动理解、主动参与。教师在教学过程中需要做的是激发学生的能动性、主动性，让学生的思维灵活地运用起来，这样学生才能提升数学认知能力，才能更好地处理具体问题、实际问题。当学生有了良好的数学学习体验之后，自然而然会更愿意参与接下来的数学学习。

分层教学模式完全尊重了学生主体之间的差异，并且把学生主体之间的差异当作是教学可以使用的资源，针对性地进行了开发利用。教师可以将分层教学模式和小组合作模式结合运用，让不同层次的学生组成一个小组，然后彼此帮助，彼此分享自己的学习经验、学习观点。在小组合作学习过程中，学生会显现出更强烈的主体意识，这有助于学生养成自主学习习惯。

4. 可以促进学生思维品质的培养

通常情况下，学生思维能力水平确定了学生的数学学习成绩好坏。使用分层教学模式之前，教师应该在备课当中仔细分析学生当下的思维能力，准确把握学生和学生之间的思维能力差距，然后分层次地为其设计符合其思维能力水平的问题。当问题比较简单时，学习成绩较好的学生可以直接回答问题。而学习成绩中等的学生只需要分析解题思路，使用解题方法进行解答。学习成绩较差的学生需要进行更深层次的思考、更多的计算，才能够获得最终的结论。换言之，当问题比较简单时，所有层次的学生都可以得到一定程度的思维训练。

如果数学问题比较难，那么学习好的学生需要略微思考，然后才能将问题解决。学习中等的学生以及学习成绩较差的学生可能需要全力思考，仔细分析才能解决。在处理比较困难的问题时，教师可以引导学生进行交流。不同层次的学生交流之后，可以发生思维碰撞，学生的思维能力会有极大的提升。如果数学题目非常困难，那么即使是学习成绩较好的学生也需要仔细分析之后才能获得答案。

（二）分层教学模式遵循的原则

第一，遵循水平相近原则。将学生划分成不同的层次时，同一个层次的学生学习水平需要接近，学习成绩需要接近，这样他们才能被划分成一个层次。

第二，遵循差别模糊原则。学生之间的层次划分并不是固定不变的，教师需要考虑到学生的兴趣变化、能力变化、成绩变化，对学生所处的层次进行灵活的调节。

第三，遵循自我实现原则。教师为学生制定的作业、教师布置的练习题应该能够满足学生在数学学习方面的自我需要，学生在做作业或者做练习题的过程中应该可以从练习中感受到学习成功的喜悦。

第四，遵循整合的原则。数学教学内容在该分开的时候应该分开，在该整合的时候应该整合。除此之外，教师在进行任务布置课程安排时，也应该注重各项安排的收放程度。只有时间、限度合理控制，数学教学才能获得好的成效。

第五，遵循调节控制原则。教师如果在教学过程中发现学生提出了其他的要求，那么应该针对学生的要求进行讨论沟通，及时调整教学方案以及课堂氛围，保证不同层次的学生的需求可以得到满足。

第六，遵循积极激励原则。教师应该尽可能地给予学生认可和鼓励，尽可能地减少对学生的批评，为学生的学习打造愉悦的学习氛围，这样学生更容易形成数学学习信心。

（三）分层教学模式的设计要求

第一，统分结合。首先，应该处理好统一教学和分层教学的关系，实施分层教学时应该以教学大纲作为基础依据，按照教学大纲当中的要求，统一地将教材当中的内容教授给学生，然后让所有学生的学习都能够达到基本要求。换言之，教学的基础或者是教学的重点是让学生掌握基础内容，在学生听懂数学知识、能够运用基础数学知识之后，基础教学目标就算完成。其次，根据学生兴趣差异、态度差异、能力差异将学生划分成不同的层次，开展个别教学或者自主学习，这样所有的学生就可以以自己习惯的方式或者适合的方式提升和进步。教师也可以着重针对不同层次的学生进行分类备课、分类指导。按照统分结合要求，数学教师应统一讲授的知识要统一讲授，该分类推进的内容应该分类推进。分层教学模式当中最为重要的一点是教师应该做好教材内容难易和学生学习难易之间的结合。教师应该把握好度，这样学生才能既学好基础知识，又有所侧重的发展自身。

第二，学生全部参与。分层教学模式下所有的学生都应该积极参与到教学活动当中，教学活动也应该覆盖所有的学生。开展教学时，教师应该按照从简单到困难的层次逐渐推进数学教学活动，与此同时，教师要关注学生在活动当中的表现。教师需要深刻意识到活动当中的学生并不是旁观者，而是参与活动的真正主体。教师应该充分激发学生的兴趣，调动学生的主动性，让学生在更加轻松的课堂氛围当中自由平等地参与活动，这样学生才能真正展现出自己的才华，发表自己的观点，教师也才能真正了解学生，更加针对性地设置教学活动。

第三，按照层次慢慢推进。按照层次慢慢推进要求教师逐层地推进教学目标，逐层地提高学生的能力。教师不可以将学生所在层次固定下来，教师应该根据学生的表现对学生的所处层次进行调整。教师在衡量表现时，应该根据学生所处层次对学生的行为进行评价，判断学生是否有所进步。举例来说，高等层次的学生，教师应该判断他们是否形成了更强的数学思维、能力核心素养是否有所提升，学习态度是否扎实。而对于处于中等层次的学生，教师应该判断他们是否形成了更好的数学思考习惯，是否能够从数学的角度去处理问题。对于层次较低的学生，教师应该判断他们数学学习兴趣是否更加浓厚，是否认真完成作业，是否认真听讲，是否掌握了基本知识。在判断学生是否进步之后，教师应该对其所处层次进行调整。

第三节 初中数学的网络教学模式设计

一、初中数学微课教学模式设计

"微课"是一个缩写词，它的中文全称就是"微型视频网络课程"。微课兴起的时间并不是很早，大约在 20 世纪末微课才开始在世界各国的范围内流传并被学校应用。在这个微时代，我们的课程也紧跟着时代的潮流，微课也顺应了这个快速的信息时代，它以短小精悍、快速切入主题的特点为人们所接受。

微课是一种全新的教学理念，因此微课的发展十分迅速，深受学习者的喜爱。在全世界的范围内，最早关注微课并将这种教学的理念应用到教学实践中的就是美国的圣胡安学院，在圣胡安学院的教学尝试中，他们把微课称之为"知识脉冲"，这种知识脉冲是很独特的知识，它能够带给学习者不一样的学习体验。在微课教学中，人们运用最多的教学方式主要有两种：第一种就是在线学习，第二种就是移动学习，而且微课教学一般都能够突出教学的重点以及教学的难点，它的教学时间都比较简短，控制在 10 分钟以内，从而能够使学生高度集中学习的注意力，使学生都乐于学习，乐于接受这种学习的形式。

自 20 世纪初以来，新加坡的教育学家以及学者都就开始深入研究和探讨"微课"，这些学者经过一定时间的研究得出微课的定义，即微课是一种利用先进的网络技术来辅助教学从而达到一定教学目标的微教学材料。在他们的研究结论中，微课的显著优势就是它把现代先进的信息技术手段和传统的教学材料进行结合，从而使教学更加具有层次感，使教师的教学能够突出重、难点，同时为学生的学习创设一种十分轻松的学习氛围。

在教育部教育管理中心的相关正式文件中明确规定，微课的全称就是微型视频课程。由此可见微课也是一种课程，它在教学中采用的呈现方式主要是教学视频。在实际的微课教学中，教师通常都会围绕一定的知识点展开讨论，结合微课视频开展一系列教学活动。从广义的视角进行分析，"微课"就是一种解说或者一种演示，这种演说或者演示是围绕某个主题的知识点展开，同时微课视频通常都比较简短，因而人们可以突破时空的限制利用微课开展碎片化的学习，学习者的主要学习形式就是在线学习；从狭义的视角进行分析，"微课"设计的主要目的就是为了满足学生的实际学习需求，"微课"是以微课视频为主要载体的信息化教学活动。每个学生都是独立的个体，学生个体之间存在个体差异，因而微课能够使学生根据自身情况开展学习，能够实现学习的个性化。需要强调的是，"微课"和"微视频"是两个不同的概念，二者之间有一定的差异。具体分析而言，微课包含很多部分，如微视频、微课件、微练习等，因此，微视频是微课的一部分，并不是微课的全部。

（一）微课教学模式的类型划分

微课的类型划分并没有唯一的标准。按照不同的标准，微课可以有不同的分类方法，每种分类方法又可划分出不同的微课类型。

1. 根据用户与功能划分

按照用户与主要功能进行划分，微课主要有以下类型：

（1）学生学习微课。学生学习微课主要的用户是学生，一般是通过录屏软件来录制的，将各学科的知识点的讲解录制下来，每个知识点大概在十分钟以内。这样学生可以根据自己的学习情况，选择自己需要的微课视频来学习。这类微课是翻转课堂教学的重要组成部分，是微课建设的主流方向。

（2）教师发展微课。教师发展微课主要的用户是教师，这种微课包含的主要内容是教学理念、教学方法、教学评价机制等，主要是对教师进行教学技能培训，也是教师设计教学任务的模板。教师发展微课用于教育研究活动、教师网络研修等，这样可以提升教师的教育教学能力，改善教师的工作方式，促进教师的专业发展。

2. 根据教学方向来划分

从教学目的方向进行划分，微课主要有以下类型：

（1）讲述型微课。讲述型微课是一种通过口头传输的方式来教学的微课类型，教师在课堂上主要对重点和难点知识进行讲述。

（2）解题型微课。解题型微课是通过对一些典型的例题进行解析，来对其中的知识点进行教学的类型。

（3）答疑型微课。答疑型微课是通过对学科中存在的一些疑点进行分析，然后获得答案来进行授课的类型。

（4）实验型微课。实验型微课对自然学科比较适用，如生物、化学、物理等学科，可以通过实验步骤来学习其中的知识。

3. 根据录制方式来划分

按照录制方式进行划分，微课主要有以下类型：

（1）摄制型微课。摄制型微课是通过电子设备如录像机、摄像机等来录制课件的方式，可以将课堂上教师讲解的一些知识摄制下来，形成教学视频。

（2）录屏型微课。录屏型微课是通过使用录屏软件来录制微课视频的一种方式，如可以使用 PPT、Word、画图工具软件等将教学内容整理出来，然后在电脑上讲解，在讲解的同时使用计算机上的录屏设备进行录制，可以将声音、文字、图画等内容收录进来，经过进一步制作之后就形成微课视频。

（3）软件合成式微课。软件合成式微课是指事先制作好教学视频和图画，然后根据微课的设计脚本，导入不同的内容，通过重组形成一个完整且系统的微课视频。

（4）混合式微课。混合式微课包含以上类型，将之混合使用就成了混合式微课。

上述提及的微课视频类型都是初级的资料，要成为可以教学的视频还需要通过后期制作。

（二）微课教学模式的基本条件

1. 先进的教学理念

基于信息化技术，各行业都开始了不同的变革，在教育领域也是如此。信息技术的支持，使我国的教育发展走上了快车道，各种信息技术应用在教育教学中，极大地提高了教育教学质量。信息技术使得各种教育设备具有了更高的可靠性，并且使用起来也更加便捷，网络技术的进步也使得教育教学不再受到地点以及时间的限制。先进的教育理论是实现信息技术与教学整合的必要前提，在教育教学中发挥着重要作用。从信息技术层面上看，信息技术在教育中应用的过程是信息技术手段在数学学科中的应用过程，而从教学改革上看，信息技术在教育中应用的过程则是教学改革的过程。理论与实践是相辅相成的，没有理论指导的实践是不会成功的，如果没有正确的理论做指导，教学改革将无法成功。

我国对推进信息技术在教育教学中的应用制订了一系列政策，提出了一些要求，例如，必须将优质的数字教学资源完善起来，将信息技术深入应用到教学中去，在教育教学中使用信息技术进行创新，使用信息技术来解决教育教学中的难题等。信息技术使人们的教学和学习活动有了更加广阔的空间，不仅可以进行实时学习，而且可以进行异地异时学习。教师和学生之间不再是简单的课堂上的联系，而是借助信息技术开展远程教学、网络协作教学等，这些多种多样的教学模式将教育与教学引入了一个更加高效的阶段。在信息化的教学环境中，教师和学生不再被动地讲解和学习知识，而是充分发挥网络的作用，教师可以在线指导学生开展学习，也可以学生自学然后将疑问传递给教师，这种教学模式极大地解决了教师和学生不同步的问题。并且，学生可以随时随地开展移动学习，充分利用自己的碎片化时间。

在微课模式下，教学变得更为简单。对于学生而言就可以根据自己的步调进行学习，这样转变自己的学习状态，化被动为主动，学生显然可以根据自己的兴趣开展学习，在此背景下，学生学习的主动性就会得到发挥，从而开展自主学习，从而提高学生的自信心。由于微课的时长较短，所以它占据的内存就比较少，下载只需要花费很少的流量，方便了学生在移动设备上观看和下载学习。微课视频还具有一定的其他功能，例如可以随时观看和暂停、随时快进和后退，这些都为学生的学习提供了很大的方便。学生观看微课视频之后，如果不理解，还可以反复观看，当看到有兴趣的内容时也可以再次观看。微课还方便了学生在任何时间和任何地点来学习，没有课堂上学习的时间和空间限制，真正实现了碎片化的学习。微课打破了传统教学模式的限制，将各种优秀教师的教学课件、教学视频集中到微课平台上，使学生能够轻松地获得优质的学习资源，感受名师的教学课堂。微课拓宽了学生的学习渠道，丰富了教学资源，有助于学生掌握多元知识。这种微课视频学习方式，对教学和学习带来的变革是历史性的，也符合我国建设信息化教学的要求。微课真正将信息技术与教育教学结合起来，培养了学生自主学习的能力。

总而言之，微课利用现代信息技术实现了信息化教学，这种教学方式的更新极大地调动了学生的学习兴趣，也解放了教师的双手，使教师有更多的时间研究教学，而不是制订教学内容，这是时代发展的结果，也是教学的发展趋势。

2. 成熟的信息技术

信息革命浪潮的兴起，促进了互联网的全球化普及，让世界各地的人们可以更加近距离的交流。信息技术的发展同样也带动了其他技术变革，对社会发展产生了非常重要、深刻的影响。现代社会是信息化社会，所有领域都在试图利用信息技术进行变革，信息技术的快速发展对社会的发展产生了不小的影响，也提出了比较高的要求。在这一社会转型时期，人们必须要转变观念，用新的眼光来审视教育制度，对教学模式予以创新，并重点思考怎样在教学中运用信息技术，使信息技术成为教学改革的重要推动力。在这一高速前行的信息化潮流中，教育的目的也发生了变化，其中一个比较重要的目的就是，使人借助信息技术来丰富自己的知识，提高自己的专业技能。信息技术对教育的变革体现在很多方面，一方面，它改变了人们的学习习惯与学习方式；另一方面，它改变了学校长期以来固有的教学模式。鉴于此，学校也要转变既有观念，重新审视技术在教学中的重要性，要适当引入信息技术，使其可以在教学变革中发挥重要作用。新型教学模式的开展离不开多功能教室的支持，在网络的支持下，教师可以根据教学需要从而创设出不同的教学情境。当教师利用信息技术向学生展示教学内容的时候，多方位的展示显然会加深学生对知识的了解，这样也利于课程的顺利开展。

3. 优秀的自学能力

在微课教学中，学生必须具备较强的自学能力才能顺利地完成教师提前布置的学习任务，这就要求每个学生不断提升自身的自学能力。对于学生而言，其自学能力的提升和很多因素有关系，学生不仅要端正学习的态度，还要加强自身专注力的训练、提升自制力以及积极地排除很多消极因素的影响。

在实际的微课教学中，教师可以从三个方面来培养学生的自学能力：第一，教师要在教学中采用多样化的措施来提升学生的学习兴趣，学生只有对学习充满了浓厚的兴趣，他们才愿意投入数学的学习中去，他们才愿意花费时间以及精力来学习数学；第二，教师在教学中要多多鼓励学生，要多给予学生一些积极的评价，从而使每个学生都能够对自己充满信心，自信心对于学生而言非常重要，它能够让学生不断认可自我，这也可能成为学生不断进步的动力；第三，数学教师要和学生之间建立一种十分融洽、和谐的师生关系，这样在微课教学中，教师和学生是处于一种十分平等的地位，学生也能够在十分愉快的学习环境中学习数学知识，锻炼各项技能。

总而言之，教师应该在潜移默化中培养学生的自学能力，从而为微课的教学做准备。

（三）微课教学模式的特征分析

微课是一种新的教学方式，因而和传统的教学方式相比，微课具有很多显著的特征，其显著的特征主要包括如下方面：

第一，主题明确。教师在教学实践中应用微课的主要目的就是为了解决很多传统教学模式在课堂中无法解决的教学难题，如教学的知识点复杂且缺乏一定的逻辑性、教学的重点和难点不突出等问题。一般情况下，教师在制作微课视频时，他们都已经有了明确的主题，一般教师制作的微课都是围绕着教学中的重点知识或者难点知识展开的，这样微课教学就能够有鲜明的主题，也能够易于学生的理解，帮助学生理清学习的思路，使学生轻松地掌握教学中的知识点。

第二，弹性便捷。在我国传统的教学模式中，课堂教学时间一般都是固定的，即每节课一般规定为 45 分钟。在微课教学中，微课视频的时间一般都比较短，只有 5 到 10 分钟的时间，因而年龄比较小的学生在学习微课视频时比较容易集中注意力，不容易分心，而且这些短小的视频也很容易吸引学生的注意力，激发学生的学习兴趣。此外，微课的资源易于下载和储存，学生只需要携带移动设备就可以随时随地开展学习活动，非常便捷，具有极大的灵活性。

第三，共享交流。在互联网时代，网络为人们的生活提供了很多便利，它的显著优点就是网络可以实现资源的共享。由于微课教学依托于先进的网络技术，因而微课还有一个显著的特点，那就是微课可以实现资源的共享。微课还可以为教师和学生提供一个网络信息交流的平台，当教学结束之后，教师就可以把相关的教学视频资料上传到网络上，从而供其他教师以及学生学习和借鉴。这也有利于教师之间切磋和学习，促进教师专业发展。

第四，多元真实。微课的多元特点主要是指微课的资源形式非常丰富，它不仅包括视频形式的微课资源，还包括微教案、微课件等教学资源，教学资源的形式是非常多样化的。和我国传统的课堂教学模式相比较，微课这种多样化的教学资源可以提升学生的学习兴趣，使教师的教学更加精彩。在日常的教学实践中，无论是教师还是学生，他们在利用微课资源时都能够从中学习很多东西。对于学生而言，学生在利用微课学习时，他们可以利用相应的微练习来对已经学习过的知识进行练习和巩固，他们可以利用相应的微反馈来检查自己的学习效果，并查看错误题目的答案，巩固自己的知识。这整个过程可以大幅度提升每个学生的思维能力，使学生对自己的学习能力有更加清晰的认识。对于教师而言，教师在制作微课的过程中也可以学习很多微课制作技巧，可以升华自身的教学技巧等，这个锻炼的过程也有利于教师的专业发展。微课的真实性特点主要是指微课在设计时都会选择真实的场景，从而使教师把微课和传统课堂教学结合起来。

第五，实践生动。前四个方面的特点使得微课受到社会各界人士的好评，对于一线教师而言更是如此。由于微课开发的主体是广大一线教师，加之微课开发的本身就是以学校的教学资源、教师的教学与学生的学习为基础的，越来越多的学校通过微课这种新的学习方式进行探索研究，挖掘本校的微课建设，本身就具有很强的实践性。在实践的过程中，需要注意微课的表达方式，生动活泼不仅体现在精美的画面、动听的音乐以及明确的主题上，还体现在精心设计的流程及其相应的互动方式上。

（四）微课教学模式的设计构建

1. 微课教学模式设计内容的选择

初中数学教师在进行微课设计的过程中，要认真选择符合数学课堂知识体系和适合中学生接受能力的设计内容，针对数学知识点的选择预处理，直接影响着初中数学微课的设计质量和整体课堂教学效率。所以，初中数学教师在设计微课课堂教学的过程中，需要选择贴近教学环节的知识重点和难点以及考点。另外，还需要将选择的知识逻辑关系进行整理，按照由浅至深的顺序向中学生们传递数学知识内容。在文字和图片以及视频的选择中，要重视数学知识的科学合理性，避免传递错误信息，引导中学生对视频内容进行回顾梳理，有利于提升中学生在视频观看阶段的注意力，提升整体课堂教学效率。

2. 微课教学模式设计的具体对策

（1）统计与概率的课程设计。初中数学教师在向中学生们传递数学知识的过程中要依照实际情况科学运用微课，转变以往数学课堂教学枯燥乏味的教学模式。例如，在教授统计与概率这一知识内容时，可以通过微课模式，在投影仪上播放十字路口的车辆行驶数量和类别，然后引导中学生们说出车辆数量和类别。再将中学生们的答案渗入统计与概率的知识内容中，让中学生们做好相关的计算分析。"利用微课的导入形式，将初中数学知识运用在现实生活中，以便培养中学生们的实际观察能力与数学的运用能力"[①]。

（2）多边形内角和的课程设计。微课的实施可以运用辅助教学的模式，在多媒体设备的支持下，如动画和视频等设备，加强了多媒体设备与微课教学的联系，有效地为中学生们展现了更加直观的数学微课教学模式。例如在学习初中数学多边形内角和的过程中，首先可将所有几何图形制作成视频进行播放，让中学生们回忆以往学习过的几何图形名字和相应的计算模式，然后数学教师再引导中学生们探究多边形内角和的计算模式。这样的数学教育教学模式能够有效巩固中学生之前学习过的数学知识，同时还可以让中学生将新旧知识进行融合，对其进行灵活运用。

（3）一元一次方程应用的数学课程设计。在初中数学教育教学中，最为重要的就是一些较为典型的例题，这些例题不仅是难点，同时也是重点内容。运用微课的教学模式能够有效展现多种典型例题，同时能够对例题进行深入剖析，让中学生们在微课短视频中了解解题思路和相关经验，进而开拓中学生们的解题思路。例如，在学习一元一次方程的知识内容中，中学生们需要通过线段图来对方程数量关系进行分析和研究，然后结合线段图参考题目意思，将时间和速度以及路程之间的关系表述清楚，最后列出正确的数学方程式，获取正确答案。另外，微课的教学模式还能够将典型的数学例题展现给中学生们，通过视

---

① 卢小强. 初中数学微课的教学设计策略 [J]. 试题与研究，2018（26）：141.

频解题模式让中学生们积累解题经验。微课教学模式不仅能够有效提升初中数学课堂教学效果和质量，同时还可以提高学生们的学习效率。

二、初中数学翻转课堂教学模式设计

（一）翻转课堂教学模式的具体认知

1. 翻转课堂教学模式的产生

（1）信息技术的推动作用。第三次科技革命推动了信息技术的发展，随着计算机技术的推广应用，世界各国的生产日趋自动化，科学技术、国防技术乃至管理手段都越来越现代化，同样地，情报信息也在朝着自动化的方向发展。信息技术的变革辐射着人类社会的方方面面，其影响力巨大且深远，教育作为人类社会中的重要领域自然也会受到信息技术变革的影响。在信息化时代背景下，人们不得不重新审视原有的教育教学制度，重新设计教学模式，从而让现代信息技术在教育领域发挥重要作用。因此，现代教育的目标也发生了一定的改变与扩充，即要求学生能够具备获取信息、分析信息、处理信息、加工信息的能力，具备较好的信息素养。

信息技术在教育领域的渗透会极大地推动教育教学的变革进程，会在一定程度上改变教师的教学模式与学生的学习方式。这是一种必然的趋势，因此，我们必须及时更新教育理念，对现代教育技术予以足够的重视，积极地探索信息技术在教育领域的有效价值，充分利用信息技术的优势发展教育教学事业。

（2）教育现实的推动作用。教育形式的发展可以从学徒制说起，在工业革命出现之前人们大多以这种形式开展所谓的教育活动。学徒制主要采用现场教学，教学场景基本是真实的工作环境，教学对象往往具有个别性，大多发生在代际间，教学方式就是师傅口述、示范，然后学徒在师傅的指导下进行实践，学徒制教学模式下培养出了许多技艺高超的手艺人。

后来随着工业革命的兴起，工厂日渐规模化，社会对于劳动力的需求增加，同时对劳动力的知识技能要求也有所提高。换言之，人们迫切需要普及推广教育，扩大教育规模，提升教学效率，从而在短时间内获得更多的能够满足社会需求的劳动力。显然，学徒制不再符合时代发展的要求，于是班级授课制就产生了。班级授课制是以班级作为教学单位开展教学活动的形式，通常，教师都会根据设置好的课程时间表，向一些固定的学生讲授知识内容，这些知识内容往往也是统一的。班级授课制满足了工业革命的需求，其原因在于它具备一些不同于以往教育形式的特点与优势，而这些优势实际上一直在教育领域发挥着重要作用。

具体来看，班级授课制的特点主要有三点：①班级授课制具有系统性，它能在规定的教学时间内让学生学到大量的知识，并且这些知识不是零散的，而是具有一定的系统性，便于学生建立知识体系；②班级授课制采用"一对多"的教学模式，一个教师可以向多个学生授课，与学徒制相比，其教学效率得到了极大的提高；③班级授课制以"课"为标准，设置好的"课"决定着教师的教学进程与学生的学习要求，因此教师在进行教学管理时也只需以"课"为中心，统一学生的学习步调，相对较为高效。班级授课制符合工业革命在短期内需要大量人才的要求，其系统性、高效性是促进这一教育形式发展的重要优势。

随着计算机技术与信息技术的普及，人类社会再次有了突飞猛进的发展，信息化时代悄然降临。现代信息社会对人才的要求不断提高，要求人才具备一定的信息技术技能，还要具有应急处理能力，此外最好还具有一定的创新思维，勇于自主学习，具有探索精神，等等。与工业革命时期相比，信息革命再一次提高了对教育的要求。于是班级授课制的不足也显现了出来，人们必须开始探索新的教育形式。不管是工业革命还是信息革命，人们的思维观念都在这一次次的革命中受到了冲击，新的时代环境要求人们做出新的改变，终身教育与自主学习的理念成为人们推崇的新理念。终身教育要求人们终身学习，始终保持学习的热情；自主学习要求人们根据自己的需求和时代的发展，主动地、积极地开展学习，从而找到自己的价值。

通过梳理教育形式的发展变化可以看出，第一次教育革命发生在工业革命的浪潮下，教育形式从个别的、单一的学徒制转变为规模化的、系统的班级授课制。第二次教育革命则受到了信息革命的影响，教育形式开始逐渐由班级授课制转向更为丰富的终身教育、自主学习形式。时代的变迁、社会的发展影响着教育组织形式的变化，因此要想促进现代教育的良好发展，就必须把握时代的脉搏，分析教育发展的现状，找准教育变革的出路。可见，教育变革正面临关键的转折，现代教育事业必须把握时机，积极变革。

（3）社会需求的推动作用。现代社会发展节奏快，要求人们能够快速地接受、理解新鲜事物，具备较强的学习能力，拥有较强的求知欲。在飞速发展的社会中，如果不能持续地学习、不断地完善自己，就很难适应时代的变化，人们应该顺应时代、紧跟时代，保持求知欲望，不断在新的时代背景下反思自己的生活。

在未来社会，高层次人才除了要具备专业的知识技能之外，还需具备一定的学习能力、创新能力和发展潜力，并且还要具备自我个性。这就要求现代教育关注社会的需求与人才的培养，努力培养出满足现代需求的优秀人才。

（4）学生个体差异的推动作用。每个个体之间都存在差异，不同的学生也有着不同的学习需求。具体来看，学生在学习过程中的个体差异主要可以从以下方面进行探讨：

第一，学生的学习风格存在差异。学习风格是学生自我接受的、总体的学习方式，它是学生学习策略与学习倾向的总的体现。每个学生都有着自己的学习风格。有的学生接受能力强，学习速度快，可能会早早地掌握课程内容，之后有可能对教师的反复讲解感到厌倦；而有的学生接受能力较弱，学习速度较慢，可能会觉得教师进度太快，难以跟上课程进度，之后也有可能丧失学习信心。学习风格没有好坏，与学生的智力水平也没有关系。我们不能简单地认为学得快的学生就有着较好的学习风格。不同的学习风格还反映着不同的知识掌握能力。有些学生可能只是没有充足的时间来完成知识的内化，如果有了充足的时间，他们对知识的理解或许会比学得快的学生更加深入，对知识的掌握也更加扎实，对知识的记忆更加牢固。

第二，学生的学习动机存在差异。一般而言，学习动机包括学习兴趣、学习需求、情感、意志力等，学习动机是学生产生学习行为并维持学习行为的重要因素。学生的学习动机并不会对其学习过程产生直接的影响，它更多地表现为间接的影响，良好的学习动机能够有效增强学习效果。例如，意志力强的学生可以长期地保持一种积极的学习状态，从而达到预期的学习目标，而意志力较弱的学生则只能保持短时间的良好学习状态，容易半途而废。每个学生的学习动机都不同，教育教学应该关注学生的学习动机，为学生制订个性化的学习目标与合理的学习计划，为学生提供具有针对性的指导，从而帮助每个学生实现自己的学习目标。每个学生在认知方式、学习风格、学习动机上都存在差异，而这些差异共同构成了他们不同的学习需求，也构成了他们的学习个性。要想满足学生的差异化需求就必须关注他们的个性，为学生的个性发展予以帮助。

2. 翻转课堂教学模式的界定

翻转课堂也可以叫作颠倒课堂、反转课堂——这里所说的"反转"主要是针对传统课堂教学而言的。翻转课堂是人们普遍接受的概念。不管是在国外还是国内，翻转课堂的定义始终在发生变化，不断完善，这也体现出教育教学研究者对翻转课堂研究的日渐深入。

（1）翻转课堂就是一种教学形态，由教师创作录制教学视频，学生自己在课下观看视频，再在课上与教师进行交流，并完成教师布置的作业。此前，他们对于翻转课堂的表述大多基于其基本做法，例如学生晚上在家观看教学视频，第二天在教室完成作业，如果有问题就与同学讨论或者向教师求助。这种对翻转课堂的定义，主要是将翻转课堂教学与传统课堂教学相对比，由此突出其特征，帮助人们认识这一教学形式。

（2）翻转课堂是学生利用课前时间借助教师给出的教学资源，包括多媒体课件、视频材料等，自主完成课程的学习，然后再在课中与教师进行互动，一起阐释问题、探究问题，并且完成作业练习的一种教学模式。

（3）翻转学习改变了直接教学的空间，就是由群体空间转向了个体空间，使群体学习空间变得更具动态性与交互性，从而促进学生在学习过程中充分发挥自身的创造性与主动性，积极参与学科学习。

上述三个关于翻转课堂的界定各有侧重，（1）与（2）主要强调翻转课堂的课前学习环节与教育技术的应用；（3）则关注了翻转课堂的动态性与交互性，强调了翻转学习的本质就是以学习为中心。这些界定对翻转课堂内涵的描述主要着重于翻转的形式，说明中国翻转课堂的研究和实践主要还是聚焦于形式上的翻转课堂，对翻转课堂的本质有待深入。

综上所述，可以将翻转课堂的内涵界定为：将原来需要在课堂上完成的知识传授提前到课前，再将原来需要在课后完成的知识内化放到课堂中完成。至于翻转课堂的教学资源、教学信息技术以及具体的教学组织方式等，都不属于翻转课堂的原始要求，它们都是在翻转课堂实践发展的过程中延伸、演化出来的部分。翻转课堂的本质是赋予学习者更多的自由，将传授知识的环节放在课前，是为了让学生自由选择适当的、舒适的学习方式；而将内化知识的环节放在课中，是为了让学生更多地、更有效地与教师及其他同学进行交流。

3. 翻转课堂教学模式的特征

翻转课堂在许多方面都对传统课堂教学进行了革新，作为一种全新的教学模式，它具有一些颠覆传统课堂的突出的特征，翻转课堂改变了传统的教学过程，对课堂的时间进行了重新规划与分配，在传授知识的方式方法上有所创新，并且促进了教师与学生身份角色的转变。

（1）教学过程的创新。对传统教学过程的颠覆是翻转课堂最为突出的特征。一般而言，传统教学的过程就是"教师讲授知识—学生完成作业"，这种教学过程把讲授知识的环节放在了课堂上，将内化知识的环节放在了课下，主要由学生自己完成。

翻转课堂的出现将这种教学过程彻底颠覆了，它将讲授知识的环节置于课前，将内化知识的环节置于课中，将巩固反思的环节置于课后。具体而言，翻转课堂要求教师在课前就做好相应的教学准备，按照课程目标搜索、整理或自己制作教学视频，为学生提供充足的学习资源，这样可以让学生在课前就完成基础知识的学习，让教师在课前就完成教学讲授；在课中，学生可以在课前学习的基础上提出自己的问题与困惑，教师则能够及时地予以解答指导，并且，教师还可以组织学生进行小组讨论、合作学习，让学生在课堂上就完成知识的内化；课后，教师同样可以为学生提供有针对性的学习资源，帮助其补充知识，巩固记忆，鼓励学生积极进行学习反思。由此可见，翻转课堂将传统教学过程完全反过来，并且对教学过程中各个环节的功能作用进行了重新定位。

（2）教学方式的创新。翻转课堂的又一重要特征就是对教学方式的创新，其中最具代表性的就是短小精悍的课程视频，教学视频是翻转课堂教学资源的集中体现。

翻转课堂中的教学视频则在一定程度上改变了这种被动的局面，学生可以通过短小但内容丰富的教学视频来接受知识，并且还可以根据自己的需求暂停、回放、慢速播放视频，这有助于学生把握自己的学习节奏与学习进度，充分鼓励了学生的自主性发挥。在课前或者课下观看教学视频，也会让学生更加放松，在一个相对舒适的环境中学习，不需要神经过度紧绷，如果有不懂的地方还可以反复观看，强化记忆。在之后的复习巩固中，教学视频也发挥着重要的作用。

（3）课堂时间的重新分配。对课堂时间的重新分配是翻转课堂的重要特征，具体体现在对教师讲授时间的缩减以及对学生学习活动时间的增加上。

在传统的课堂教学中，教师需要把大量的时间花费在知识的讲授上，学生就只能被动地听讲。翻转课堂则改变了这一局面，它为课堂互动、师生答疑、探究讨论等教学活动留出了大部分的时间，期望学生能够在相对真实的情境中完成知识的学习，并且能够学会交流与合作。由于翻转课堂将教师的讲授环节放在了课前，因此它既保证了教学内容的充足，也有效活跃了课堂氛围，提升了课堂互动性。这种对课堂时间的重新分配有助于加强学生对知识的内化程度，深化学生对学习内容的理解。并且课堂交互性的提升对之后教师开展教学评价也有一定的帮助，教师能够通过学生的互动表现了解学生的学习状况，学生也能在教师的评价中进行反思，更加主动地把握自己的学习。可以看出，翻转课堂从整体上提升了课堂时间的有效利用率。

（4）师生角色的转变。教学过程的颠倒、课堂时间的重新分配自然也影响着身处课堂之中的教师与学生，翻转课堂的特征之一就是师生角色的转变。在传统课堂教学中，教师几乎占据着"主角"位置，但是在翻转课堂中，学生成了课堂的中心。学生在学习过程中遇到了问题可以向教师寻求帮助，教师主要负责为学生答疑解惑，提供及时的、具有一定针对性的指导，教师从以往的讲授者变成了学习资源的提供者，变成了学生学习过程中的引导者、帮助者。这也代表着课堂的中心不再是教师，而是学生。这种身份角色的转变向教师提出了更高的要求，教师除了要具备讲授技能之外，还需要具备收集整理教学资源、录制教学视频、组织教学活动的技能。

与此同时，学生在这样的课堂上也需要充分调动自己的主动性，不能再被动地接受知识，而是要积极、主动地汲取知识、内化知识。学生成为课堂的中心，就意味着学生将成为知识意义的主动建构者，他们可以按照自己的学习节奏、学习步调选择合适的学习时间与学习内容，遇到较容易吸收掌握的知识可以适当加快学习速度，而遇到较复杂的内容可以放慢学习速度，反复观看教学视频，仔细探究学习。学生不能再一味地等待教师给出答案，而是要通过自己的努力寻找答案。此外，师生角色的转换也有助于拉近师生关系，对营造良好的教学氛围有一定的益处，师生之间、生生之间可以交互协作，学生可以在丰富的教学活动中掌握知识内容。学生角色由"被动接受者"变为"主动探究者"。

（二）翻转课堂教学模式的设计构建

1. "三阶段三系统十环节"翻转课堂教学模式设计

"三阶段三系统十环节"翻转课堂模式通过对翻转课堂理论予以归纳总结后，以教学设计的原则为指导原则，依托经典的翻转课堂模式，密切联系初中数学知识特点，搭建起一项适用于初中数学的翻转课堂模式。"三阶段"具体是指，课前的知识传授阶段、课堂互动中的知识吸收阶段以及课后的知识延伸阶段。"三系统"具体是指教师、学生以及学生家长三方面系统；"十环节"具体是指课堂教学开始前针对所教学生的学习情况及教材内容，准备合适的学习材料，同时密切关注学生的自学测验结果；学生则要在课程开始前完成自主学习和考评并及时向教师反馈问题。课堂教学中教师和学生一起参与完成分组协作、教师答疑解惑、学习成果展示、学习反思总结等环节。课堂教学后教师向学生拓展课程相关知识点并针对学生的问题做出补救，学生总结所学知识并完成练习的十个环节。家长的监督则要贯穿学生课前预习和学生的课后自习，以提升学生自主学习的效率，提高自主学习效果。

教学设计具体是指教师以各种学习和教学理论为指导，根据所教学生的特点，结合自己的教学理念、风格，通过系统的观点与方法，遵照教学的基本规律，对教学活动予以规划、安排、决策的行为。翻转课堂模式设计作为诸多教学设计中的一种，具体到初中数学翻转课堂模式设计，教师应当在充分了解初中生的特点基础上，结合自己的教学理念与教学风格，统筹教学的各方面要素，设计出的合适教学方案。

（1）"三阶段三系统十环节"翻转课堂模式的设计应当遵循的原则。"三阶段三系统十环节"翻转课堂模式针对初中数学的教学设计要遵循如下方面原则：

原则一，要以学生为中心。教师设计的翻转课堂教学内容全过程必须要以学生为中心，顺应翻转课堂中教授知识与吸收知识顺序的变化，传统的教师和学生的地位也要予以改变，要坚持在翻转课堂中以学生为中心，教师的教学设计必须充分考虑学生的需求。

原则二，建立整体性思维。教师要想设计出教学效果最优化的科学教学设计，必须要准确把握教学的基本规律，进而将教学目标、教学起点、教学内容、教学方法和媒体、教学评价及教学结构组合成完整的系统。教师的教学设计，必须要建立整体性思维，准确把握部分与部分之间、部分与整体之间的关系，实现教学系统的整体优化目的。

原则三，积极应对学生反馈。一个好的教学设计必须要有完善的获取学生反馈的机制，教师要根据学生的反馈情况修改和完善教学设计，进而更好地满足学生学习的需要，同时也有利于教师做到因材施教。

原则四，教学设计要具备可行性。每一个教师的翻转课堂教学设计都是照顾了所教学生的心理特征以及知识存储状况，以及所在学校的教学设备完善情况后完成，因此只要是基于翻转课堂的教学模式设计都必然有着或多或少的差别。要构建出可行的翻转课堂教学设计，教师就必须以自己所教的学生以及所在学校的教学条件为基础，而不能直接套用经典的成功模式。

总而言之，优秀的翻转课堂教学设计一定是以学生为中心的，建立起整体性思维，恰当地调和教学目标、教学起点、教学内容、教学方法和媒体、教学评价及教学结构各部分的关系，重视学生对教学设计内容的反馈，并及时作出调整，并且能够很好地兼顾主观与客观条件，具备可行性，同时满足学生的特点和学校教学条件的方案。

（2）"三阶段三系统十环节"翻转课堂模式的拓展。

第一，课前的知识传授阶段。在翻转课堂模式中，学生知识的环节是在课前，在此阶段，在时间和空间维度上，教师和学生是分离的，分别独立完成属于自己的任务。所以在课前的知识传授阶段必须要分别为教师和学生设计出需要完成的任务。

第二，课堂互动中的知识吸收阶段。在翻转课堂模式中，学生对知识的吸收消化需要四个阶段：第一阶段是学生间的分组协作阶段，学生们为了初步解决前期学习遇到的难题，相互协作、一起探讨问题。第二阶段是教师有针对性的答疑阶段，教师要根据学生的反馈，对学生遇到的共性问题予以集体讲解，对学生遇到的个别问题给予有针对性的解答。第三阶段是学生对学习成果的展示阶段，在学生展示了学到的知识后，由学生根据所学知识设计出题目，小组间相互提问，测试知识掌握状况。第四阶段是师生的反思总结阶段，学生小组要先完成自我总结，教师再汇总学生的总结内容开展全面总结。

第三，课后的知识延伸阶段。在此阶段，教师要开展分层教学，即针对不同水平的学生给予有针对性的辅导和帮助。为了调动学生们的学习热情，提升学生们的学习兴趣，教师可以向全体学生提供本次课程中所学知识的背景故事或者与教学内容相关的轶事。面向能快速吸收和接受新知识的学生，为了培养学生对探索新知识的能力，教师甚至可以提供更高难度的知识。面向知识基础较弱、没能完全消化本次授课知识的学生，教师要予以课后辅导，家长若能够独立辅导，也可以联系家长协助。

2. "一主线五环节"当堂翻转课堂教学模式设计

"一主线五环节"当堂翻转课堂模式在具体的教学过程中应当分为：一主线五环节十步骤。其中一主线具体是指学生的个性化，这条主线要贯穿于课堂的全过程。五环节具体是指，学生在课堂学习中的自主学习、交流展示、练习巩固、能力提升、总结反馈五环节。十步骤具体是指，学生课堂学习五个环节具体要完成的步骤。其中自主学习环节要完成微课程视频自学和微课程自学知识测试，交流展示环节要完成学生间的质疑答疑和微课程自学成果展示，练习巩固环节要完成基础练习和集中讲解，能力提升环节要完成深入学习和小组研讨，总结反馈环节要完成总结评价和当堂测验。

当堂翻转课堂模式设计是另一种教学方案设计。具体到针对初中数学的当堂翻转课堂模式设计应当是适应初中学生的特点，采用"师友互助式素养课堂"教学方法设计出的教学方案。当堂翻转教学方案的设计需要具备以下内容：

（1）自主学习。首先，微课程视频自学。课程开始的前15分钟左右，学生在自己的移动设备教学资源平台收看教师提前发布的微课视频。每节微课视频的时长教师应当控制在 6 到 8 分钟之间，以保障学生可以至少观看两遍微课程视频。其次，微课程自学知识测试。该环节是针对学生自学微课程视频的考查性测试，目的是考查学生在自学完微课程视频后的知识掌握程度。教师在编写此步骤的题目时，难度要类似于课本课后练习的难度，题目类型应主要为定义定理及简单的应用类题目，数量以三题为宜，尽量做到能够包含这一节学习的所有知识点即可。

（2）交流展示。首先，学生间的质疑答疑。在此环节中，教师应当抽出三分钟左右的时间，随机选取一名学生针对微课程视频所讲解的知识点以及知识点的应用技巧和方法等进行总结提问，由课堂中其他同学回答或对遗漏的知识点予以补充，纠正学生对于知识点的错误理解。其次，微课程自学成果展示。本环节主要是讲解自学知识测试环节中的题目。结合平台对学生答题正确率分析以及每位学生的答案，教师能够根据学生的错误予以有针对性的讲解，或者由优秀的学生讲解。教师还可以快速针对学生的错误利用平台中题库的题目再次出题。

（3）总结反馈。首先，总结评价。本环节中要完成总结和评价两部分内容。学生不但要总结本节课学到的全部知识还要对本节课中学到的方法和技巧进行总结。评价则是要由学生自主评出本节课的最佳学习小组和最佳师友学习组合。其次，当堂测验。设计本环节测验的理念是要让本节课的全体学生都感受到在一节课的努力学习后收获知识的快乐。测验并不是要检测本节课学生们的具体学习水平，而是要建立学生们能够学好数学的自信心。因此，设计当堂测验题目要简单，与练习难度相当最为适宜，争取让尽量多的学生答对全部题目，测验的总时长尽量控制在三分钟左右。

第四章　初中数学单元整体教学设计

第一节　初中数学单元整体教学设计策略

初中的数学教学既是对小学的数学基础的继承，也是对高中数学深入研究的一个桥梁。新一轮课改后，尽管学生的数学知识数量减少了，但其困难程度却有所提高。单元整体教学是以多个课时为基础，对单元的全部内容进行归纳，发现重点和难点。在初中数学的复习阶段，经常采用单元整体性学习方法，并且收到了良好的效果。因此，在初中数学课上，教师应该加大对单元整体教学的探索。

所谓的"单元整合"，是指主张"以整合为导向"来进行数学教学，有助于"全面"提升初中数学的教学质量。在教学过程中，以数学为基本准则，以培养学生的数理思维为基本目的。所以，老师们必须从全局的观点来看待这门课的教学，并从中发掘出它的精髓，对整合课程进行全面的剖析与设计，并将课程的内容科学地组织到实际的课堂教学之中，并以此为依据进行教学设计。如果老师在初中数学教学中缺少了一个完整的思路，就会让他们失去对数学的认识和掌握，从而失去对数学的兴趣和积极性。

一、初中数学单元整体教学设计的教、学、评一致性

为进一步深化教育改革，落实立德树人的基本任务，中华人民共和国教育部于2022年4月颁布了《义务教育数学课程标准（2022年版）》（以下简称"数学新课标"）。数学新课标，就其内容而言，最核心的变化在于课程改革进程中目标的变化。自2001年以来，数学课程的目标由双基转变为四基、四能，再转变为以核心素养为导向的课程目标，逐渐将以知识为主的目标设定转变为以人为主的目标设定，数学教育的核心目的在于让学生实现从掌握知识到增加智慧，从学会数学到会学数学的重要转变。可以说，数学新课标是对以往所颁布的课程大纲、课程标准的继承与创新，密切联系着我国实际国情，反映了我国着力提高育人质量的教育诉求。数学新课标中课程目标、课程结构、课程内容、教学活动、课程评价的设计与规划秉持着一脉相承的原则，强调素养导向以学生发展为目标，这必然要求教、学、评要有高度的一致性。为此，本书通过解读数学新课标中的教、学、评一致性，明确在教学设计环节与教学实践环节保障与落实教、学、评一致性的有效途径，以期为教师的教育教学提供新的理论与实践指导。

（一）数学新课标中教、学、评一致性的释疑

教、学、评一致性即教师的教、学生的学以及对学习的评价应该具有一致的目标。清晰的目标是"教、学、评一致性"的前提和灵魂。没有清晰的目标，就无所谓教、学、评的活动；没有清晰的目标，也就无所谓一致性。可以说，教学"有效"的证据在于目标的达成，在于学生学习结果的质量，在于何以证明学生学会了哪些内容。在教学中，目标是课程教学的支点，而评价则贯穿教学始终以促进目标的达成。但在实际课堂教学中，教师几乎没有系统考虑目标在其中发挥的重要作用，难以做到评价先行，因此，处理好教、学、评之间的关系，对于推动教、学、评一体化的实施有着举足轻重的作用。解决教、学、评一致性的问题实质在于提高教、学、评的相关性，研究教什么、学什么、评什么的问题。2022年颁布的课程标准，针对内容要求提出了与之相对应的学业要求和教学提示，进一步细化了评价与考试命题建议，其核心正是注重实现教、学、评的一致性，不仅明确了"为什么教""教什么""教到什么程度"，而且强化了"怎么教"的具体指导，为教师落实教、学、评一致性提供了清晰的指导。

要落实"为什么教"，就需要深刻理解课程的育人价值，准确把握学生所需要培养的核心素养，明确学生所必需的品格和关键能力，把立德树人的根本任务落实在教学中。要落实"教什么"，就需要准确把握教学内容和教学活动，厘清知识结构，明确教学中需要培养的知识、能力、情感态度与价值观，确定合理清晰的教学目标。要落实"教到什么程度"，就需要整体理解和把握学习目标，把握学情，凸显学生的主体地位，充分发挥评价的功能，在学生学习基本知识、基本技能、基本方法，积累基本活动经验的同时，尽量满足学生多样化的学习需求，做到因材施教。要落实"怎么教"，就需要进一步发掘课标中内容要求、学业要求和教学提示所要传达的核心要义，整合教学内容，优化教学设计，变革教学方式，改进教学过程。

概言之，教、学、评一致性的落实，其核心在于教学设计与教学实践。如何在教学设计中保障教、学、评的一致性，如何在教学实践中落实教、学、评的一致性，是促进教、学、评有效衔接的关键环节。

（二）数学新课标中教、学、评一致性的审思

1. 辩证看待教学、评价与发展间的关系

教学要走在发展前面，这是因为一方面，教学能够促进学生的智力发展，教学决定着儿童的发展水平、发展速度；另一方面，教学在发展中有着重要的主导作用，教学既要适应学生的现有水平，同样也创造着学生的最近发展区。因此，对于教师所设置的学习活动而言，需要适应学生的最近发展区，即任务难度以略高于学生目前已有的认知水平，这样

的教学能够让学生不断跨越最近发展区从而达到更高水平。但对学生的评价而言，评价任务的确定应当与既定的学习目标相适应，与学生的能力水平相匹配。较高的评价目标或较低的评价目标均不利于学生的发展。教师在教学中应当辩证地看待教学、评价与发展之间的关系，关注核心素养的阶段性和各阶段间的一致性，把握教学内容与核心素养发展的一致性，以促进学生核心素养的发展。

2. 正确认识评价在教学中的重要地位

评价不仅仅是教学中的一个重要环节，还是伴随教学始终影响教师教学的一条主线。单元教学设计更加强调评价设计先于教学实践，即当教师确定单元的核心教学目标后，应该随之形成与教学目标相适应的评价任务，形成与教学目标相匹配的学习任务。这样环环相扣的教学设计凸显出教、学、评的一致性。教师应该厘清根据评价的教学设计与根据成绩的教学设计之间的区别，打破唯成绩论、一考定终身的僵硬局面，突出评价的多维度、多元化、多样化，关注学生的情感、态度与价值观，关注学生应用意识和创新意识的培养。其中，评价内容的选择要凸显育人的价值，关注学生科学精神和社会责任的培养。评价情境的创设要激发学生的学习兴趣，培养学生的良好学习习惯。

3. 科学合理设计促进教与学评价的任务

以往的评价往往忽视了让学生经历知识发展的过程，而素养的形成需要学生经历数学活动经验积累的过程，让学生感受到数学学习的必要性。教、学、评的一致性其核心在于促使目标的达成，指向核心素养的培养，更强调以序列化的体验活动作为评价任务，避免重知识轻能力的误区。在单元教学设计中，教师可以精心选用或开发高质量的过程性评价、单元教学评价资源，如通过单元大任务、项目式学习等方式，不仅可以对学生的基础知识和基本技能，以及数学解题能力进行测评，而且能够关注到对学生核心素养与关键能力的评价。

二、初中数学单元整体教学设计方法探究

（一）教学目标体现整合理念

初中数学教师在制定单元设计的教学目的时，要充分考量这个目标的合理性，以及能否使其具备必要的基本数学知识与技能。同时，整个教学模块的设计要使其具备一定的想象力、逻辑和计算能力，在数学上，帮他们解答一些问题，提升他们的学习能力。要充分意识到数学的重要性，就必须把整个课程的思想贯穿于教育目的之中。

（二）教学内容体现整合理念

以"整合性"为起点，对有关的数学课程进行了深入的探讨，只要掌握了初中数学的基本结构，然后通过反复的学习，对各个章节的特性进行深入的分析，就能发现其中的关联和区别。与此同时，教师也要注意各学科之间的联系，以指定教材为主，同时还应结合其他材料进行辅助。在初中数学单元总体的设计中，要对教学目的进行持续的分析与学习，并依据学生的真实的认识过程，对其进行适当的组织与补充。

（三）教学方法体现整合理念

在初中的数学课上，通常采用的是实践法、探究法和演示法，而其中最重要的一种则是讲授法。在运用上述两种教学方式时，不要只选取其中一种，而要让学生充分了解本科目的内容。尽管初中的数学很容易，但学生们并不能完全听懂，因此，如果老师希望在运用中实现教育目标，一定要按照实际的内容、特点和要求，同时，要针对学生的具体学习状况，运用多种教学手段，并总是以与课程自身的知识架构相结合，运用创新的教学方式，为学生的基本数学知识打下坚实的基础。

（四）教学氛围体现整合理念

因为初中的数学中有许多非常抽象的东西，因此，这就需要学生的思考和运算，许多的孩子在学习的时候都会遇到困难，所以老师们必须要用现代的科学的教学理念，用诙谐的语言，自然的、适时的、灵活的教学方式，创造一个轻松、愉悦的教学氛围。在这种氛围之中，老师和学生之间的感情，也会变得越来越好，只有这样，他们才能建立起一个团结的集体，例如，老师在上课的时候，如果老师用一种很自然的方式来提问，老师会用慈祥的眼神看着他们，而且可以用一种积极的心态来看待自己的成绩，这样，就能让学生养成良好的心态。

第二节　初中数学活动教学与方法设计

随着教育体制的不断改革和创新，新课标下的新型的教学模式也在不断更新中，其中活动教学这种上课方式越来越受当下学生喜欢，因此就初中数学这一科目而言，初中数学课堂活动教学，学生需要在初中数学老师的指导下，让学生进行自主的学习活动或者课堂活动，通过课堂活动的教学，学生会对所学初中数学知识有更深层次的分析和理解。同时，初中数学活动教学在数学老师的引导和开展下，可以扩大同学们的数学视角，拓宽学生学习数学的知识面，促进学生们数学思维的发散性，这样更有利于他们挖掘出自己的潜能，数学基础能力较差的学生也会积极热情加入活动教学中去，他们通过初中数学活动教学不仅会获得丰富的数学经验和数学实践能力，还促进了探索、自主、交流能力的全面发展。

一、通过课堂分组讨论进行初中数学活动教学

初中数学标准化教学，将活动教学融入初中数学课堂里，使学生加强学习，让学生在课堂教学中自主学习，进行小组讨论，观察分析，让初中数学活动教学的优势充分发挥出来，因此教师在初中数学教学课堂中可以让学生通过课堂讨论进行活动教学，让学生对所学数学知识点进行提取分析、分工和探讨处理。以这样的活动教学模式，才能使初中同学对数学知识点有足够的理解、学科素养和思维综合能力得到有效的提升。初中数学是一门比较有难度的课程，这就要求初中数学老师在活动教学中，组织学生进行小组讨论活动，让他们以小组讨论的形式对初中数学知识点进行探究和理解，同学们可以在小组找准自己的定位，和同学们相互合作探讨问题，这样有利于提高课堂教学效率和学生对知识点的渗透。

例如，在课堂上，当数学老师讲解探究证明全等三角形的知识点时，老师提出以下问题：对于任意的两个三角形，当满足"两角及夹边"对应相等时，这两个三角形是否就一定能够全等，然后教师通过引导，帮助学生回忆已学知识，回顾探究的方法，使学生明确本节课要探究的问题，了解探究证明全等三角形的基本思路，厘清知识之间的联系。这个时候，初中教师就可以安排学生以小组讨论方式进行活动教学。课堂上，通过这样的教学，可以发现效率是非常高的，答案也是各不相同的。通过小组课堂讨论的活动教学方式不仅培养了学生发散性思维，也提高了教师教学质量。

二、通过学生自主教学道具制作开展活动教学

"初中数学也是一门动手能力较强的学科，教师可以利用初中数学课堂上自制教具来激发学生的学习数学的热情，是初中数学活动教学当中常用的方法之一"[①]。有一些初中数学老师在课堂上安排学生自制数学教具，为即将展开的数学学习课堂营造良好的学习氛围，增强学生迫不及待学习数学知识的欲望。同时初中数学老师安排学生自制数学道具不仅提高学生的思维修养和培养学生自主探究和自主学习的能力，还让学生在制作数学教具的过程中增强动手能力。

例如，在初中数学课堂中，当数学老师在讲解"多边形"这一数学知识点时，老师为了让学生更好地分析、归纳和总结出多边形的定义，教师可以让学生自己在课堂上准备材料，裁剪很多个多边形，将多边形的边数进行分类，然后归纳总结出四边形的边数和对角线条数之间的数量关系。在学生学习热情高涨的时候，教师紧接着引导学生自己探索多边形的边数和对角线条数之间的关系。这样在教师的引导之下，学生在观察数学教具过程中就可以掌握多边形边数和对角线之间的数量关系，既满足了学生学习的好奇心，又让学生

① 刘亚群. 浅析初中数学活动教学 [J]. 数理化解题研究，2019（26）：28.

获取了数学知识。

三、通过分析和总结保证数学活动的教学效果

数学教学活动，除了利用新颖的教学方式来吸引学生课堂注意力，激发学生对数学学习的兴趣外，我们也要保证活动教学效果，因此，通过分析和总结保证教学活动效果也是活动教学当中一个重要环节，对整个数学活动教学进行分析和总结，在初中数学活动教学中占有举足轻重的地位。在数学活动教学中，学生对数学知识点的探讨所形成的结论也会有所不同，所以需要老师对学生数学问题解决的答案和结果进行总结与分析，老师的分析和总结是学生活动教学中获得学习成果的重要保证。对于学生分析和回答数学问题的答案，老师必须做出鼓励性的、客观性的总结，对活动教学中所学知识点进行梳理。

例如，在初中数学课堂，学生就有理数知识点分类的探究，有的学生可能把有理数分为正有理数和负有理数，有的学生把有理数分为零、正有理数和负有理数，展开了激烈的讨论，这时候教师就要帮助学生分析和梳理出正确的知识点，对学生分析和总结的答案，作出客观的分析和评价，让学生领悟数学知识点。

因此初中数学老师不仅要帮助学生处理数学知识点中有困难的或有争议的问题，还要让学生对数学知识结构和体系有一个清晰的、完整的理解，这有利于学生对已有数学知识的构建。老师要留给学生自己思考数学问题的时间和空间，同时老师也培养学生自己分析和解决问题的能力，让学生在数学活动教学中获得丰富的数学知识和经验。所以教师的分析和总结是保证数学活动教学的重要手段。

总而言之，在新课标教育体制下，初中数学的活动教学是促进学生全面发展的重要教学手段，初中课堂中，把课堂里面更多的上课时间交给学生自主探究和学习，让学生有更多的时间去思索和解决问题，通过教师以课堂小组讨论的学习、学生自制数学教具，以及老师课堂上客观的分析和总结，提高了初中数学活动的质量，激发了学生学习的热情。

第三节 初中数学课后"套餐"的设计

课后"套餐"是指课后的分层作业，其是根据学生的学习程度、学习素质、学习成效、学习态度、学习风格的不同将学生进行分层，从而构建的不同层级的作业。课后"套餐"的有效设计对于学生的能力巩固和个性化发展有着较高的价值，也贯彻了因材施教的教学要求。为了实现课后"套餐"的有效构建，教师在实际的教学中就要能将学生分层的进行重视起来，并结合教学实际情况进行学生练习题的搜集与分析。

一、课后"套餐"概念的界定与设计必要性

在当前，因材施教已经成为教师进行教学研究的潮流，如何对教学进行有效的分层化处理，以使其能契合多数学生的学习也是教师所要解决的重要内容。课后"套餐"是立足于学生发展而设计的分层化课后作业，其对于学生在课下的有效知识巩固非常必要。相应地，作为初中数学教师，在教学实际中作出研究，找出设计课后"套餐"的有效策略就非常有必要了。

二、实现课后"套餐"设计应用的设计与实施

（一）结合实际发展，实施学生分层

课后"套餐"在本质上是分层化的课后作业设计，而为了实现作业设计的分层化，教师势必要能先完成对学生的分层化。为此在教学实际中，教师需要先进行的就是对学生的当前发展情况进行评析，想办法对学生进行有效的层级划分，明确分组的有效依据。在实现了学生的分层之后，教师才能着手结合学生的具体发展情况，构建作业的分层。

例如，在教学实际中，教师就可以按照C、B、A的三层级划分来实现对学生的有效分层。在其中，C代表班级中学习较为优秀的学生，这些学生的能力发展较强，其学习需求也较高，在过去的教学中常出现"吃不饱"的情况，这类学生的占比应在全班学生的30%左右；B代表中等以上的学生，这一类学生是班级中的主体，其可以达成基本知识的掌握，也可以完成教师所提出的要求，但在其能力发展方面却往往会存在一些问题，面对较为复杂的应用性题目时，这些学生常常会表现得手足无措；A则代指暂差生或学困生，这一类学生的学习存在一定的问题，经常会出现"吊车尾"的情况，这一类学生的能力发展与知识掌握情况均难以达到教师的教学需求，面对教师提出的教学任务和作业其常常缺乏主动性也缺乏能力去完成。在完成三类学生的划分之后，教师还需要能构建晋升和退级机制，即进步较大的同学可以从A或B升入B或C，相应地出现明显下滑且沟通后仍难以改变情况的学生则要进行降级。在教学实际中，为了保证C、B、A三层学生的科学准确划分，教师除了要能对学生近期的考试分数进行统计外，还要能观察学生的课上情况与作业完成情况，联系对学生的能力发展观察实施分级。

（二）联系教学内容，精选练习题目

在完成了学生发展分层后，教师所要着手进行的就是对所需练习题目的选择。若教师不能确保自己选择的原题具备较高的有效性，那么课后"套餐"的质量自然也就难以得到保障。为此，教师在实际的教学中需要能结合当堂的教学内容进行分析研究，明确教学的主题，再从此出发，利用多媒体检索的方式去获取题目资源。

例如，在进行"二元一次方程组"相关知识的教学时，教师就要能在课下的备课环节

进行练习题目的有效筛选。在其中，教师需要能先明确自己所要搜集的题目类型。对于二元一次方程而言，其重要的题目类型为解二元一次方程组，而解二元一次方程组则涉及两种消元方法："加减消元法"和"代入消元法"，教师可以选择两种解题类型分别布置题目，也可以选择使用同样的题目让学生使用两种方法进行解决。在这里，本书更为推荐针对两种消元方法分别筛选题目，这样可以让学生在使用消元法解方程的过程中体会到不同方法在解决数学问题时的简便性不同的特点，进而让学生形成方法优化的基本意识。当然，对于解方程计算而言，方程的参数复杂程度会对解方程的难度有直接的影响。为了提升"套餐"的效果，教师要能从简、中、难三个层级选择不同复杂程度的解方程内容。

除此之外，为了达成学生实践应用能力的培养与发展，教师在搜集题目时还需要能搜集一些方程相关的应用题，以此来达到培养学生利用方程解决实际问题的能力，提升其迁移意识和能力。在方程应用题的构建上，教师需要能贴合生活实际，选择与现实生活息息相关的问题。如可以将方程的命题背景设定为"超市买菜""划分水果""赛场胜负"，这样一来，方程的应用性就可以得到体现。为了实现对学生发散思维能力的培养，在"套餐"中教师还可以设计一些以发散和分析为主题的研究性题目，如对于二元一次方程组来说，教师就可以将题目设计为让学生分析一元一次方程和二元一次方程组的联系与区别，感受其解法的关联性，同时，教师还可以将三元一次方程的内容预习加入其中，让学生对方程的知识进行总体的分析。

（三）结合学生分层，有效设置"套餐"

在有效的题目得以获取之后，教师接下来所要进行的就是"套餐"的有效设计。所谓"套餐"，应该是不同种类题目的集合，即多层次、多方面题目的集合，而分层的关键就在于教师如何去灵活地调整套餐的构成。为此教师需要能联系学生的发展，精选其必须要巩固的内容，再结合每一层级学生的发展现状，从其最近发展区出发设计一些拔高题目。

例如，在"二次函数"相关课程的教学时，教师就可以在教学完成后给学生布置"套餐"，使各个层级的学生进行有效的巩固总结。在本课的实际中，给 A 级学生布置的套餐组合可以是基础概念题目的组合，其中可以有二次函数的图像描点、二次函数根的简单计算与图像标记、二次函数图像特殊点的计算等。这些题目相对较为基础，对于 A 级的学生来说，基础性题目更加符合其发展现状，能促进其对基础概念内容的有效掌握。而为了使 A 级学生有一个挑战的机会，教师还可以加入少部分具有一定难度的应用类题目，让学生尝试进行解答。如实际问题与二次函数的题目。对于 B 级的学生来说，实际应用题目的解决与分析更加契合于其发展，所以教师可以降低基础题目的比率，将其"套餐"中应用性题目的数目提升起来，使学生可以更多地思考相关知识的实际应用。设计的题目可以围绕着超市利润最大值和最小值来进行计算，以此在增强学生二次函数顶点知识运用的同时，增强学生的知识运用能力。除此之外，教师还可以给学生布置探究性作业，让学生在课下将二次函数与一元二次方程表示在同一个图像中，分析其二者的关联，并将其总结到一张纸上。对于 C 级的学生来说，这些学生基础较为扎实，其通过课堂听课的进行就可以实现对基本内容的掌握，且其应用能力发展也较好，所以教师要能拔高要求，将其"套餐"设计为以应用为主，思维发散为辅的作业集合。即要能更多地设计思考类问题，让学生能利用课下时间从题目中进行总结，找出方程与函数的总体关联。

（四）合理评价评测，重视回馈总结

合理的反馈与评价是保证课后"套餐"作用有效发挥的保障。为此教师在教学实际中需要能联系各个"套餐"的实际构建情况预先定下学生的发展要求，而后在学生完成"套餐"后，教师再通过分析完成情况与掌握情况的方式获得学生的完成情况，进而联系学生的发展层级，给出不同的评价。在评价完成后，教师还要能重视学生的总结，要求学生将错题整理成册。

例如，在学生将"二次函数"这一课的课后作业完成后，教师就要能着手对学生的作业完成情况进行评价检测，引导其实现回馈总结。在其中，教师要能先确立基础的评价标准，即对 A 级的学生放低要求，对 B 级别的学生正常要求，对 C 级别的学生拔高要求。在评价标准确立完成后，教师就可以着手对学生的作业完成情况进行分析，首先教师要能找出学生的错题，并评定每一个学生的最终完成情况，给出一个评分。在评分完成后，教师需要能根据学生的所属层次提出表扬和批评。当基础的评价完成后，教师就可以从学生的错题出发，引导学生进行反思巩固，并对其中难度较大的题目和代表性较强的题目进行讲解，引导学生实现总结。在整个过程完成后，教师还要要求学生将自己存在的错题记录到错题本上，为了验证学生对错题本的实际使用情况，教师要能周期性地将学生的错题整理成试卷以原题、变式题 1：3 的比例构建试卷，检测学生的实际掌握情况。

综上所述，课后"套餐"的构建对于教学的分层化开展而言非常关键，为了实现课后"套餐"的有效构建，学生需要能结合学生发展情况进行研究，实施有效的学生分级，在分级完成后，再通过资源检索与有效构建的方式构建课后"套餐"。

第五章　初中数学教学技能与实施策略

第一节　初中数学教学的重要技能分析

一、初中数学教学的导入技能

数学课堂导入技能是数学教师在课堂上采用各种教学媒体和各种教学方式，引起学生注意、激发学习兴趣、产生学习动机、明确学习方向和建立知识间联系的一类教学行为方式。导入这一意图的行为广泛地运用于上课之始，或者用于开设新学科、进入新单元和新段落的教学过程。所谓"导入"，包括"导"和"入"两部分，分别理解为"教师引导"和"学生进入"，即"教师引导学生进入某种教学情境"，也即在新的教学内容或教学活动开始前，引导学生进入学习状态的教学行为。

课堂导入技能虽然只是运用于教学过程的开始阶段，但它是基于教师对整个教学过程、学生实际知识水平及理解能力的通盘考虑，熔铸了教师的教学风格、教育智慧以及专业素养，反映了教师的教学观念，是评价一名教师教学能力的重要指标，是教师学业素质的综合体现。

（一）导入技能的作用

课堂导入在整个课堂教学中是较为重要的环节，良好的课堂导入是一堂课成功的关键。学生在课堂的学习兴趣及学习效果，与教师两三分钟的导入有较大的关系。课堂教学的导入，犹如文章的"凤头"、乐曲的"引子"、戏剧的"序幕"，有酝酿情绪、集中注意力、渗透主题和带入情绪的任务。精心设计的导入能打动学生的心弦，生疑激趣，促使学生情绪高涨，步入求知欲振奋的状态，有助于学生获得良好的学习效果。运用正确的方法导入新课，可以发挥以下作用：

1. 激发数学学习兴趣，引起学习动机

每个人都会对他感兴趣的事物给予优先注意和积极探索，并表现出心驰神往。例如，对美术感兴趣的人，对各种油画、美展、摄影都会认真观赏、点评，对好的作品进行收藏、模仿；对钱币感兴趣的人，会想尽办法对古今中外的各种钱币进行收集、珍藏、研究，心理学研究表明，兴趣是带有倾向性的心理特征，是认识某种事物或某种活动的心理倾向和动力，它可以使人在认识过程中产生愉快情绪，从而增强认识事物的主动性、积极性。学

生对学习这一行为的兴趣，有利于学生自觉、积极地进行思考、探索。例如，一个人若对跳舞感兴趣，他就会主动、积极地寻找机会去参加跳舞活动，而且在跳舞时感到愉悦、放松，表现出积极而自觉自愿。而兴趣是在需要的基础上发展起来的。

新课的开始，如果教师就针对学生的年龄特点、心理特征以及实际知识水平，精心设计好导入的方法，使学生产生急迫解决当前问题的热烈情绪，激发学生对新知识的渴望，便能激发学生浓厚的学习兴趣，使他们愉快而主动地进行学习并产生坚韧的毅力，表现出高昂的探索精神，收到事半功倍的效果。所以，"善导"的教师，在教学之始，总是千方百计地诱发学生的求知欲，引起学生的学习兴趣，使学生产生一种力求认识世界、渴望获得知识、不断追求真理的冲动。

学习动机是直接推动学生学习的内在动力，是激发学生进行学习活动、维持已引起的学习活动，并使学习行为朝向一定目标的一种内在过程或内部心理状态。当学生获得学习动机后，就会积极做好准备，集中精力在学习上。只有使学生清晰地意识到所学知识的意义和作用，才能使他们产生学习的自觉性，迸发出极大的学习热情。所以，"善导"的教师，在教学之始，很重视阐明将要学习的知识在工农业生产、国防、科学研究和生活中的重要意义。

认知冲突是人的已有知识和经验与所面临的情景之间的差异所导致的冲突。认知冲突会引起学生产生新奇和惊讶，从而引起学生的兴趣，激发学习动机认知冲突的设置，还可以帮助学生明确学习任务，确定学习方向，凝聚思维焦点。所以，"善导"的教师，善于设计各种"认知冲突"充分利用学生的好奇、好问、好动等心理特征，制造认识冲突，创设悬念，激发学生的求知欲，引发学生的积极思维。

2. 引起学生关注课题，传达教学意图

注意是信息加工的心理机制之一，它是心理活动对一定对象的选择性和指向性。在课堂上，学生的注意力有利于对知识的感知，从而更容易地观解、掌握知识。此外，良好的课堂导入，能在上课之始，形成良好的课堂学习气氛，唤起学生的注意，使他们迅速进入学习情境，产生学习的意向，利于教师传达教学意图。因此，在教学之始，要给学生较强烈的、新颖的刺激，帮助学生收敛课前的各种其他思维活动，将学生的注意力迅速地指向课题，为完成新的学习任务做好准格教师以通俗易懂的语言传达教学意图，这种教学意图包括建立学习目标、指出方向（将以怎样的方式进行学习）、勾画教学内容的轮廓。

3. 构建知识桥梁，温习旧知建构新知

数学学科的知识逻辑性很强，新知识都是以旧知识为基础发展而来的。教师在讲授新知识之前，如果先组织学生复习已有的知识和经验，或者在和学生一起运用已有的知识对各种数、形、式进行观察的过程中形成"问题情境"，出现新的需求与原有认知水平的"冲突"，形成学生心里想求通而未能达其意，口欲言而未能达其词的情境，然后再来学习新知识、新技能，就易于调动学生心理中的积极因素，使其迅速进入学习状态。通过实例、实验的观察导入，可为思维（分析、综合、抽象、概括等）加工做铺垫。

4. 创设情境，培养学生探究事物习惯

好的新课引入，常常是由教师精心设计，为学习新知识、新概念、新原理和新技能做引子和铺垫。提供隐藏规律性的材料，让学生通过对实例的观察导入，经过分析、综合、抽象和概括等思维加工，利用已有的经验和知识去探索，或构想新概念，或寻求新定理、新公式、新方法、新思路，这样的过程进行多次，日积月累，学生就会养成钻研问题、探究事物的良好习惯。

（二）导入技能的类型

课堂导入的方法和形式是多种多样的。用怎样的导入方式，要依据教学的任务和内容、学生的年龄特征和心理特征，灵活地加以运用，绝不能采用某种固定的模式，也不能机械照搬套用。不同的学科、不同的教材、不同的学生要采用不同的导入方法。数学课堂导入技能，常用的有以下方面：

1. 直接导入

直接导入，是教师向学生直接阐明学习目的和要求、主要教学内容及教学程序等的导入方法。教师简练、明快的讲述或设问，是直接导入成功的关键。直接导入的方法简单，能使学生对所学知识一目了然，但是，这种方法比较单调，缺乏激情，因而不易激发学生学习数学的兴趣，在低年级教学中应尽量少用或有控制地使用。

2. 经验导入

经验导入，是教师从学生已有的生活经验和现实素材出发，通过生动的讲解、谈话或提问，引起学生回忆而自然地导入新课的方法。应用经验导入，需要教师了解学生的学习、生活情况，注意平时的培养和积累。如组织、引导学生观察大自然，深入工厂、街道、农村了解社会，以丰富学生的学习、生活经验，为学习提供必要的感性材料。

3. 旧知识导入

旧知识导入，是一种根据已知探索未知的导入方法。科学知识是系统连贯的，新知识是在一定的旧知识的基础上发展而来的，接受新知识需要学生具备一定的知识基础，如果学生对已学过的知识忘记了，或模糊不清，接受新知识就会面临困难。旧知识导入主要是利用了新、旧知识之间的逻辑关系，即旧知识是新知识的基础，新知识是旧知识的发展与延伸，从而找出新、旧知识之间的联结点，由旧知识的复习迁移到新知识的学习，从而导入新课。例如，我们通常所说的复习导入、练习导入、类比旧知识导入等均可归入旧知识导入，这种导入也是最常用的新课导入方法。这种导入方法使学生感到新知识并不陌生，便于将新知识纳入原有的认知结构中降低学习新知识的难度，易于引导学生参与学习。简言之，旧知识导入，就是从回顾旧知识、做练习、做类比等复习旧知识的教学活动开始，为新知识提供支撑点来导入新课的方法。

4. 直观导入

直观导入是指教师利用实物、教具（挂图、模型、图表、投影片、幻灯片、电影、录像等），引起学生的兴趣，引导学生进行观察、分析，再从观察中提出问题，创设研究问题的情境的导入方法，这种导入方法建立在直观的基础上，引导学生通过各种感官直接或间接地感知具体事物的形象，使学生获得鲜明的表象，进而提出新问题，从解决问题着手，自然地过渡到新课的学习；同时又有利于学生由形象思维过渡到抽象思维，为学生抽象思维的形成奠定感性的认知基础。

数学教学的直观手段分为感官直观与思维直观两个层次，这是由数学的特点和数学的认知特点所决定的。从数学教材的内容所呈现的逻辑结构来看，较高级的抽象层次是建立在较低级的抽象层次基础上的；从认知的角度讲，也要先从对客观事物的直接认识出发，形成对教材内容逻辑结构的把握。

（1）感官直观层次的直观手段。

首先，实物直观。实物直观的定义是由教师指导，引导中学生直接接触大自然，让中学生直接感知大自然，在大自然中发掘相关的数学概念，通过直观的实物呈现数学概念，由此帮助学生掌握数学的基础概念和方法，为后续学习数学知识打下坚实的基础。除此之外，教师还可以引导中学生利用掌握的学科理论解决实际问题，从而起到巩固知识、深入学习和掌握知识的作用。因此，这种教学方式也属于实物直观手段，这种方式的特点是生动鲜明、真实有趣，可以帮助学生更真切地理解和掌握教材知识，进而提升学生学习学科知识的积极性和兴趣，并不断激发学生的求知欲望，促进学生的学习，帮助学生巧妙地掌握知识。这种方式也有其缺点：难以凸显事物的本质特征，且内部细节难以仔细观察。

其次，模型直观。在数学教学中，数学理论具有理想性，这种特性无法通过直观的事物呈现出来，无法通过抽象表现对应的关系及概念，由此形成了模型直观这种教具。模型直观也可以称为教具直观，属于直观教学方式中的一种，它的定义是为了让学生感知实际事物，以模拟形象的方式提供直观的事物模型，如图表、幻灯片及电影等。模型直观并不受实物的影响，可以根据具体的教学目标进行随意变换，将实物放大、缩小或突出重点，把静态的实物变成动态或把动态的事物变成静态，把快速的变成缓慢的，把近的变成远的，等等，通过不同的变换方式将事物生动形象地展现给学生。另外，模型直观还能把抽象的事物变成具体的、辨识度高的事物。通过模型直观，不仅可以让学生以模拟大自然的方式间接认识大自然，还可以让他们把日常生活中的思维方式与学习学科知识的思维方式结合起来，让不同的理论思维相互交替，帮助学生提升逻辑思维能力。

（2）思维直观层次的直观手段。

首先，数学语言直观。数学语言直观通常是指教学过程中的形象化语言，它属于模型直观和实物直观的辅助形式。数学语言的逻辑性很强，通常情况下，根据使用词汇的不同，可以把数学语言分为文字语言、图像语言及符号语言。在数学教学中，图像语言是最直观的语言，不同于其他的实物直观感知。它是由抽象思想加工并概括之后形成的。图像语言可以直观、形象地表述数学法则、概念及定律，它可以让人更轻松地掌握整个数学思维。另外，客观条件并不能影响语言直观，时间、地点及设备等限制都无法影响语言直观，但是，它的缺点是不够完整、鲜明和稳定，语言直观易中断、暗淡和动摇，还会产生一些错误。因此，在直观教学的过程中，教师应该依据教学目标及要求，从实际出发，充分结合学生的身心发展特点，不断提高教学质量。

其次，模式直观。相比于借助视觉效果形成的模型直观，模式直观更具层次感，因为它是借助抽象思维的层次形成的。大自然的秩序性很强，而人的思维过程具有鲜明的层次感，将具体的思维转变为抽象的思维，需要更高层次的思维过程，因此，我们应该从较低层次的直观形象开始构建推理模式。通常情况下，模式直观的概念是将具象的、熟悉的、普遍协调的、易于接受的模式为基础，引导和帮助学生加深对抽象、深刻的思维对象的理解和把握。这种方式普遍存在于理性思维的形成过程中，很多思维和策略都是源自某一种模式直观。

5. 实验导入

实验导入，就是通过教师的实验演示或学生的实验操作来导入新课的方法。学生在学习之始的心理活动特征是好奇的，要求解惑的心情急迫，在学习某些章节的开始，教师可演示具有启发性、趣味性的实验，或让学生自己进行实验操作，使学生在感官上承受大量色、嗅、态、声、光、电、动和静诸方面的刺激，同时提出若干思考问题，巧布疑阵。

6. 设疑导入

所谓设疑导入，就是通过编拟符合学生认知水平、形式多样且富有启发性的问题，引起学生回忆，联想并渗透本课学习目标、研究的主题来导入新课的方法。

疑是思之始，学之端。"学贵有疑"。"疑"是学生思维的积极表现，又是探索问题的动力。例如，南宋理学家朱熹在《朱子语类》中指出："读书无疑者，须教有疑，有疑者，却要无疑，到这里方是长进。"陆九渊在《陆九渊集》中也说："小疑则小进，大疑则大进。"向学生提出恰当的疑问，往往能刺激学生的好奇心，激发学生的兴趣，调动学生学习的积极性。而且，数学本身就是在提出问题和解决问题的过程中发展的。因而向学生提出问题，让学生产生疑问，是引入新课的一种好方法。

7. 悬念导入

悬念导入就是教师运用"悬念"的手法，给学生留下悬念性的问题而导入新课的方法。教学过程是一种提出问题和解决问题的持续不断的活动。例如，教师经常设计一些学生急于解决，但运用已有知识和方法一时无法解决的问题，形成激发学生探究知识的悬念而引入课题。

8. 故事导入

故事导入法是教学过程中比较常见的一种教学方法，即通过讲故事的方式引入新课。从青少年的心理特点出发，将与数学相关的故事作为引子导入新课，可以激发学生的好奇心和积极性，这种教学方式尤其适用于对学习热情不高的学生。这种教学方法在低年级学段更受欢迎。因为有的故事可以唤起学生日常生活中的经验，与学生生活息息相关，让学生更能接受，并且还能让学生从抽象事物中掌握数学知识；还有些故事可以以故事的方式引导学生解决生活中比较简单的数学问题。这种教学导入法可以为数学课堂增添趣味，也能帮助学生拓展思维，丰富学生的想象力，让学生可以更快、更自然地进入教学课堂。

教师可通过具体描述生活中熟悉的事例，介绍新颖、醒目的趣闻，讲述妙趣横生的典故及联系紧密的动人故事等方式导入新课。这种导入可避免平铺直叙之弊，收寓教于趣之效。

9. 游戏导入

游戏导入法就是通过与新知识有关的游戏而导入本节课题的导入方法。游戏是儿童的天堂，做游戏可以满足他们爱动好玩的心理，使注意力不但能持久、稳定，而且注意的紧张程度也较高。在游戏中，儿童的情绪始终很高涨，并在愉快的气氛中进行着。在数学教学中，游戏也是一种很好的教学活动形式，因为游戏的特点符合儿童好动、好奇的心理特点和年龄特征，尤其适合低年级教学的需要，它能使学生的思维一直处于活跃状态，并能集中他们的注意力，激发其学习兴趣。

10. 数学史导入

数学史导入是指教师在开展教学活动前，利用数学历史上的一些故事、趣闻、名人命题等来创设生动幽默、富有启迪性的问题情境，激发学生的好奇心，从而唤起学生的求知欲，使学生能够积极主动地投入即将开始的数学学习与探究活动中。

（三）导入技能的实施

各种不同的导入类型，在设计和实施中，需符合一定的要求，才能导之有方。

第一，导入要遵循针对性。导入要针对教材内容，明确教学目标，抓住教学内容的重点、难点和关键点，从学生实际出发，抓住学生年龄特点、知识基础、学习心理、兴趣爱好等特征，做到有的放矢。"导"是辅助，"入"才是根本。导入要有助于学生初步明确将要学习哪些内容，怎么学，为何学。要针对教学内容的特点与学生实际，采用适当的导入方法。

第二，导入要体现启发性。如果设计的导入不能启发学生积极思考，学生将难以进入角色。积极的思维活动是数学课堂教学成功的关键，因此，富有启发性、趣味性的导入才能引导学生发现问题，激发学生解决问题的强烈愿望，营造愉快的学习氛围，促使学生自主进入探求知识的境界，起到抛砖引玉的作用。

第三，导入要富有趣味性。兴趣可以激发一定的情感，可以唤起某种动机，可以引导学生成为学习的主人。可见，把握好每节课起始阶段激发兴趣的契机，学生的学习效果就有了一半的保证。

第四，导入要讲究多样性。导入应根据教学内容、教学对象和课型的不同，灵活多变地采用各种方法，做到巧妙、新颖。固定单一的导入方法会使学生感到枯燥、呆板，这就要求教师除了有精湛的演讲技艺外，还必须有丰富的资源和广博的知识。这样，教师才能灵活运用各种各样的导入方法，从而使导入更加活泼，更加引人入胜。

第五，导入要注意时效性。课堂导入作为课堂教学的前奏曲，虽然是课堂教学的一个重要环节，但并不是中心环节，只是为中心环节做铺垫，所以，课堂导入的时间不宜过长，否则会影响新课的教学，教师在课堂导入阶段应言简意赅，用最少的话语，花最少的时间，取得最好的导入效果。因此，导入的过程要紧凑，导入时间控制在 3 ~ 5 分钟为宜。

二、初中数学教学的讲解技能

讲解技能指教师通过语言为学生传授学习方法和知识，这是教师促进学生智力发展、引导学生形成正确思想感情的教学行为。这种教学行为历史悠久，并且，它也是教学中最基本的手段，从孔子的"私学'及柏拉图的"学园"发展至今，讲解技能深受偏爱的原因是它可以在短时间内为学生传授大量的知识和信息；除此之外，这种教学手段便于学生及时、有效地提出问题，解决问题；还有一些抽象和微观的知识，也可以由教师讲解，帮助学生更快地理解和掌握，对于教师传授知识而言，这种方式具有主动性和控制性，它是教师进行教学、教育活动所不可缺少的手段。即使在当今现代技术大量应用于教学领域时，也不能忽视讲解技能在教学中的重要作用。由此可见，教师对教学内容，对学生对象，对事物的思考、分析和判断是否正确、深刻，都集中在他的语言表达上展示出来。总而言之，准确、流畅、清晰、生动的描述，循循善诱、层层推理、点点入滴的讲解，可使学生晓之以理、动之以情、导之以行。

讲解的实质是建立新知识与学生原有知识经验之间的联系。新旧知识的获得，主要依赖认知结构中适当的观念，并通过新旧知识的相互作用，说明新旧知识的关系，填补学生原有经验与新知识之间的空间以及剖析新知识本身各要素之间的关系，是讲解的主要任务。讲解有两个特点：第一，在主客体知识传播中，语言是主要媒介。因此，培养内部组织语言能力（"想"好"为什么说""对谁说"以及说明的意向与要点）、快速语言编码能力（注意储备口语词汇，懂得语法规范）、运用语言表情达意的能力（善于运用语言、语调、语速、语量的变化表情达意，令人爱听，使之动听），是讲解好的前提。第二，知识传授中由主体转向客体，具有单向性，学生常处于被动地位。

（一）讲解技能的作用

数学课堂讲解的首要作用是引导学生在原有认知结构的基础上，感知、理解、掌握新概念、新原理，并能应用新旧知识解决新问题。在教学过程中，使用讲解的手段解释教材、说明图表、解答疑难等，可帮助学生明了得出结论的思维过程和探讨方法，提升学生的认识能力（如观察力、思维力、想象力等）和实践能力（如运算能力、实验操作能力、设计能力等）。使用讲解的手段还可以向学生讲解相关的古今数学文化，培养学生的学习意志和审美情趣，数学课堂讲解技能有如下作用：

第一，高效、省时地传授基础知识。在课堂讲解中，教师起主要作用，教师把学生所要学习的内容以系统的形式呈现给学生，使学生在短时间内获得大量的信息，最终让学生理解重要事实，形成概念、原理、规律和法则等系统的知识体系。用时短、容量大、效率高是课堂讲解的一大特点，可及时向学生提出问题并讲解问题，为教师传授知识提供了充分的主动权。

第二，全面、深刻地揭示内在本质。教师应激发学生的学习积极性，向学生提供充分从事数学活动的机会，帮助他们在自主探索和合作交流的过程中，真正理解和掌握基本的数学知识和技能、数学思想和方法，获得基本的数学活动经验。学生由于掌握的知识有限，未能形成系统的知识体系，所以在对待新知识时就无法从联系的高度出发，把握新知识与旧知识之间内在的本质联系，因而不能有效地理解和掌握新知识。因此，教师的讲解就显得十分重要。教师的讲解需联系教材和学生的实际，利用富有启发性的讲解来揭示本质联系，使学生充分提取原有数学认知结构中的相关知识，明确学习所要达到的目的与要求，从而完成对新知识的观解和掌握。

第三，科学、准确地诠释重难点。数学课堂教学过程是为了实现数学教学目标而展开的，准确把握教材中的重难点，是完成教学目标的基础和前提。此外，学生通过教师的讲解引导，提取原有数学认知结构中的相关知识，把新的学习对象同化于原有数学认知结构中去，从而产生新的思维，理解并吸收新知识。

第四，疑处解疑地引发学习兴趣。疑可以激发学生自主探索的意识。当学生集中精力、情绪饱满地去挑战问题时，学习效率最高，同时在无形中强化了学习兴趣。在自学及预习新知识的过程中，学生往往因思维的局限而被动、麻木地去接受课本的概念和理论，缺乏主动探究的热情。教师在数学课堂讲解活动中，总会不时向学生追究概念中相关要素的来龙去脉，以及这样定义的原因。学生听讲时，便会循着教师的引导，逐步解决疑问，不知不觉中既培养了学习能力，又掌握了新知识，从而对学习产生更浓郁的兴趣。教师在设置悬念和讲解疑问时，要根据教材的特点，吸引学生的注意力，促使学生渴望与追求新知，激发探究新知的激情，提高学习兴趣。

（二）讲解技能的类型

讲解技能的类型可依据不同的标准、层次进行划分。结合我国的实际情况，数学课堂讲解技能可分为描述式、解释式、原理中心式、问题中心式等类型。

1. 描述式讲解

描述式又称叙述式或记叙式。描述的任务在于使学生对描述的数学概念、原理、问题等的结构、要素、属性、发展和变化，有比较形象、具体的感知，或有一定深度的认识。根据描述方式不同，描述又可分为以下三种：

（1）概要性描述。即对数学概念、原理、问题等的特征、要素做概述。对这类描述要充分运用生动、形象的口头语言，引用有关数据、资料，要注意揭示数学概念、原理、问题等的结构、各层次间的关系。

（2）程序性描述。按数学概念、原理、问题等的发展过程、步骤一步步地描述。此种描述要注意数学概念、原理、问题等发展的阶段性，抓住数学概念、原理、问题等发展的关键点。

（3）例证式描述。举出有代表性的、人们比较熟悉的、具有说服力的例证具体描述数学概念、原理、问题等。

2. 解释式讲解

解释式又称说明式或翻译式。通过讲解将未知与已知联系起来。按解释的内容不同又可分为以下方面：

（1）意义解释。意义解释主要对数学概念、原理、问题等进行"是什么"的解释。

（2）翻译性解释。翻译性解释主要对数学符号或概念的内涵解释清楚，同时对概念的外延通过举例、对比等的方式解释清楚。

（3）结构说明。结构说明主要指对数学概念、原理、问题等的结构进行解释说明。例如，对数学定理的文字语言、符号语言、图象语言、应用、关键点、注意点等方面进行解释说明。

（4）比较性说明。为了把当前的数学概念、原理、问题等说明白，通过与学生已知的、具体的、熟悉的数学概念、原理、问题等做比较来进行讲解，向学生传授知识的行为方法。

3. 原理中心式讲解

原理中心式讲解，即以概念、规律、原理、理论为中心内容的讲解，它是数学教学中最重要、最基本的技能。如果按照讲解的逻辑方法来分，又可以分为归纳中心式和演绎中心式。

原理中心式讲解，从一般性概括的引入开始，然后对一般性概括进行论述、推证，最后得出结论，又回到一般性概括的复述。一般性概括是指对概念、规律、法则、原理、理论的表述、论证和推证，即运用分析、比较、演绎、归纳、类比、抽象、概括等逻辑方法。在推证过程中，还要提供有力的证据、例证和统计材料，而后得出结论。论述和推证的过程也就是揭示现象与本质、个别与一般、事物要素之间、已知与未知之间，一个事物与其他事物的内在联系和关系。

4. 问题中心式讲解

问题中心式讲解指讲解以解答问题为核心，解答的过程就是从不知道到知道的过程。

在选择认识方式和解决问题的过程中，最重要的就是具备有效的知识能力和思维能力。很大程度上，问题也许是一个练习题，也可能是一个具有实际价值的课题。这种讲解方式通常带有探究性，所以，在讲解的过程中一定要注重启发和引导学生，并通过思维迁移的方式启发学生。此外，要想达到好的效果，就要将讲解和其他技能结合起来。

（三）讲解技能的实施

第一，讲解结构要条理清晰。在确定教学目标、分析教学内容的重点和难点、明确新旧知识之间相互联系的基础上，理清知识结构和学生的思维发展顺序，提出系列化的关键问题，形成清晰的讲解框架。这样讲解条理清楚，能发学生思考。

第二，讲解语言要准确生动。语言准确就要求正确运用术语，用学生能理解的词汇，不用未经定义的术语。注意句子的完整、措辞和发音的准确，同时还要注意语言技能的应用，声音、语调、语速、表情、手势等有机的配合，讲解才会生动有趣，并取得好的教学效果。

第三，讲解要有启发性。要把直观、具体的现象、事件，通过分析、综合、抽象和概括，升华为理性的概念和规律。孔子的"不愤不启，不悱不发"值得我们借鉴，这句话告诫教师们讲解要留有一定的思索余地，要把握讲解的时机，凡对重要内容做本质论述时，尽量创设"愤""悱"的教学情境。

第四，讲解要善于使用例证。例证是进行学习迁移的重要手段，例证能将熟悉的经验与新的知识、概念联系起来。举例的数量并不在多，关键是所举的例子与新知识之间具有实质性的非人为的逻辑联系，并要对此联系做透彻的分析；所举例子最好涉及不同的情境，以加深学生对知识的理解。

第五，讲解要重视反馈调控。在讲解中，教师要善于通过观察学生的表情、行为和操作，留意学生的非正式发言，向学生提出问题或给学生提出问题的机会，收集讲解效果的反馈信息，厘清学生的理解程度，并及时调整讲解的程序和方式，以达到教学目标。

三、初中数学教学的提问技能

提问技能是教师引出一个信号以激起学生的言语反应的一种行为方式，它是教师在课堂教学中进行师生交流的一种重要教学技能。具体而言，数学课堂提问技能，是指教师在数学课堂教学中，根据学生已有的知识或者经验，对学生提出问题，并引导学生经过思考，促进学生参与学习，了解他们的学习状态，启发思维，让学生理解和掌握知识，发展思维能力的一种教学技能。

数学课堂提问技能可以与其他各种教学技能相互渗透，在课堂教学中交互使用。例如，在讲授法中，以问题构成讲授的手段，以问题形成反馈；在讨论法中，更是以问题为核心，以提出问题展开讨论；在探究法中，更是让学生自主发现并提出问题，且在探究过程中结合提问技能引导学生进行猜想、实验和论证。由此可见，教师必须熟练掌握提问技能。能否恰到好处地提问，是衡量教师教学能力的一个重要尺度。

（一）提问技能的作用

问题是数学的中心，问题也是启发学生思维的动力，数学课堂教学的实质就是师生双方共同设疑、质疑、释疑、解疑的过程，是以问题解决为核心展开的。在新课程改革中，问题意识已引起各方的广泛关注，各版本教材都在不同程度上重视对问题的设置。在数学课堂教学中，提问至少有如下作用：

第一，引起注意，激发动机。提问可以刺激学生的求知欲，调动学生的学习热情。学生长时间在课堂上听课，往往会出现注意力不集中的现象。教师的适时提问，以唤醒学生的心智，终止学生在课堂上的杂念、私语、小动作，把学生的心理活动集中到特定的问题上。同时，巧妙的提问也能够活跃课堂气氛，使学生的注意力得以较长时间地维持。

第二，引导思考，启发思维。思维始于问题，没有问题就没有认知的困惑，也就没有思维。问题就是矛盾，提问就是摆矛盾，而解决矛盾的过程就是思维的过程。提问可以使学生明确学习的方向，逐一解决问题进而达成目标。

第三，反馈评价，调节教学。关于一个课题或者一个知识点的教学是否达到教学目标，教师可以通过向学生提问，借以获得反馈，从而针对学生和自己教学过程中存在的问题，调整教学策略，调节教学进度，提高教学效果。譬如，教师提出问题后，很久没有学生回答，或者只有极少数学生能答对，那就可能是教师提的问题不完善，使学生难以回答，或可能是提出的问题较难，超越了学生的认知水平，学生回答不了。通过提问，以及学生的回答情况，教师可以反思自己的教学，改善后续的教学。同时，"学生也可以通过答问，较快获得教师的评价反馈，在学习中不断审视自己，改进学习方式方法，促使后续的学习更有成效"[①]。

第四，激励参与，促进交流。课堂教学的理念是以学生的发展为本。教师的有目的的提问，可以激发学生参与课堂教学的主体意识，促进师生、生生的相互交流。首先，教师的提问为学生提供一个展现自我的平台。让学生展露才华、陈述观点、发表见解，能锻炼学生的口头表达和语言组织能力，还能提高学生的竞争意识、课堂反应的灵敏性。无论是学生的答问还是质疑，都可以培养他们的思维能力、口头表达能力和书面表达能力，尤其是口头表达能力。在提问中，这个转化过程可分为三个阶段：①发出信息，即教师以简明的教学语言提出问题；②接受信息，即学生按照教师的要求，理解题意，进行思考，寻找答案；③反馈信息，即学生用自己重新组织的口头语言回答教师的提问，陈述自己的见解，也就是即席讲话。可见，教师的提问对培养学生的主体意识和参与意识，是一种很好的方法。其次，教师的提问促进了学生交流并凸显了学生的主体意识。提问有助于促进课堂交流，沟通感情，发扬民主。通过提问，还能诊断学困生学习的困难所在，促使他们积极参与教学活动，提高学习兴趣，建立积极的自我观念。

（二）提问技能的类型

提问是师生双方共同参与的活动。关于提问的分类，从不同的视角出发有不同的分类。例如，从教师提问的时间来分，可以分为预设性提问和生成性提问；[①]从教师提问的目的来分，可分为激趣性提问、激疑性提问、铺垫性提问、探究性提问和巩固性提问。

本书从实用角度出发，从认知的水平、提问的方式两个维度来阐述数学课堂提问的类型。

1. 从认知水平看数学课堂提问类型

如下侧重从认知水平分类的角度来看待提问技能的类型，该分类操作性强，易于理解，便于训练。布鲁姆等人 1956 年出版的《教育目标分类学（第一分册）：认知领域》中把认知领域的目标分为六个亚领域，即记忆、理解、应用、分析、综合和评价。根据这六个亚领域把课堂提问分为：记忆型提问、理解型提问、应用型提问、分析型提问、综合型提问和评价型提问。

① 罗新兵，李三平．中学数学教师教学技能 [M]．西安：陕西师范大学出版社，2012：41.

（1）记忆型提问[①]。在数学教学中，用提问的方式让学生回忆学过的数学概念、数学规律、数学定理等知识，以达到对知识的再现和确认，为获取新知识做准备。这类提问，通常是新授课的基础及铺垫，为学习新知提供必要的条件。记忆是认知领域的最低水平，但对学习新知也是必要的。其提问的主要形式为说出、写出、复述、举例说明，等等。

（2）理解型提问。理解型提问要让学生对已知信息进行内化处理后，能用自己的语言对数学知识进行表述、解释和组合，对所学的概念、定理等进行比较，解释其本质区别。主要考查学生对知识的理解、掌握程度，以超越对知识的回忆和描述，促进学生领会和组织已学知识，重建认知结构。理解型提问主要表现形式为概述、比较、区别、推断、分类等。

（3）应用型提问。应用型提问考查学生将学过的知识应用到新的和具体的情境中去解决问题的能力，包括将数学概念、原理、定律、法则、规律等应用到实际中，解答数学试题，绘制图象和图表，正确使用程序或者方法，等等。应用型提问对学生有更高的要求，不仅要求学生记忆、理解所学知识，内化到自己的认知结构中，而且还要进行识别、选择、加工、整理，将内化的知识外化出来，以解决新的问题。这种提问一般在学习新概念、公式、法则、定理后进行。其主要表现形式为计算、解答等。

（4）分析型提问。分析型问题要求学生从整体出发，把材料分解成部分以了解它的组织结构，包括对各组成部分的辨认（因素分析）、对各部分之间相互关系的分析（相关分析）、对各部分组合起来的原理法则的识别（系统分析）等。具体表现：把复杂问题分解为简单问题，理清已知和未知，找到从已知到未知的可行方法。课堂教学中的分析型提问，充分体现了教师的启发引导作用，通过提问将学生思维一步一步引向深入，带动学生分析问题，让学生从中习得分析问题的方法，从而提高数学思维能力，其主要表现形式为分析、找原因、做结论等。

（5）综合型提问。综合型提问是指把事物的各个部分、各个方面、各种要素、各个阶段连接成整体，找出它们相互联系的规律的提问，这类提问主要考查学生能否把之前已学的各种零散的知识组合成一个整体，形成体系，因而对学生的能力要求较高，其主要表现形式为归纳、设计、组织等。

（6）评价型提问。评价型提问是指按一定的准则，让学生通过分析、讨论、评价优选解法，对事物进行比较、判断、评价的提问。这类问题未必有标准答案，属于开放型提问，评价的标准是学生自身的价优观念。其主要表现形式为评价、判断、说出价值等

2. 从提问方式看数学课堂提问类型

从提问的方式，可将提问分为对问、齐问、自问、直问与曲问、正问与反问、追问和联问等。

---

① 罗新兵，李三平，中学数学教师教学技能 [M]．西安：陕西师范大学出版社，2012：43.

（1）对问。对问，就是教师提出问题，请个别学生回答。这种提问，是具有很强的教学针对性、易检性、可控性的对问，不仅仅表现为提问和回答，更是交流与探讨、演说与倾听、欣赏与评价。

（2）齐问。齐问就是教师问，全班一齐回答，这种提问的优点是：方便、省时、易操作。

（3）自问。自问就是教师精心设计问题，将问题提出来后，并不要求学生作答，而是教师自问自答，它能吸引学生的注意，并给学生制造了悬念。自问常用于数学的复习，它不是知识的简单重复，而是着眼于培养学生的多向思维能力，以利于知识的巩固提高。自问还常用于新课引入，其作用是设置悬念，激发学生的学习兴趣和求知欲。

（4）直问与曲问。直问就是开门见山，直截了当地提出问题。而曲问有助于学生清除杂念，疏通思路，使学生沿着奇道曲径抵达知识的高深层次。

（5）正问与反问。正问就是从问题的正面设问，而反问则是从问题的反面设问。正问和反问结合，往往加深对知识的理解，使学生抓住事物的本质。

（6）追问和联问。追问，就是对某一内容或者某一问题，为了让学生尽快掌握，往往在一问后又再提问，直到学生能正确解答为止。联问，就是对某一知识内容或者某一要研究的问题，设计一组问题链，问问相接，环环相扣，使学生在厘清了每个知识点之后，又能从整体上把握知识的内在联系及结构。

（三）提问技能的实施

为了实现课堂提问的功能，让学生愉快地学习，让教师轻松地教学，教师在课堂中应该遵循一定的教学原则，并充分结合以下应用要求：

突出教学重点和教学目的。在设计教学问题时，教师应该以教学目标和教学内容为基础，设计针对性强的教学问题。教学问题的设置是为了有效实现教学目标和教学手段。如果教学问题的设计脱离教学目标和内容，那么最终的教学结果无法保障。另外，教学提问一定要明确重点，以解决重难点为重点，突破教学重难点。

问题的设置一定要适中，注重科学性。提问的科学性包括提问内容和提问叙述的科学性。为了保障数学问题和客观规律的有效反映，叙述问题的语言一定要严谨。除此之外，科学性还表现在问题设置太简单，没有启发性，学生会觉得太简单而缺乏积极性；问题设置太难又会出现"问而不答，启而不发"的现象。所以，教师在设计问题的时候一定要科学，根据大部分学生的实际情况设置问题，这样才能让更多的学生掌握知识。

第三，问题要源自生活，注重趣味性。首先，太简单的问题容易使学生思维固化，无法激发学生探究问题的积极性。知识来源于生活，从实际生活中挖掘学科知识，可以让学生充分了解和掌握知识，并从中提炼出有趣的问题，进而激发学生的思考和探索欲望，帮助学生积极地思考、讨论和回答问题。其次，如果是学生熟知的内容，则教师要变换角度，以不同的角度提问，设计有趣、生动的问题，保持学生的新鲜感及探索欲，同时也需要避免认为数学只是一种有趣的活动的误解。

第四，循循善诱，讲究启发性。启发性是数学课堂提问的核心。富有启发性的提问，是激发学生积极思维的信号。同时，也要避免单纯的判断性提问，多用疑问性提问、发散性提问、拓展性提问等能有效促进学生积极思维的提问形式，让学生受到启发，思维品质得到培养，智力水平得到提升。

第五，随机应变，讲究灵活性。课堂教学是千变万化的，教师提出问题后，学生的回答不同是正常的，学生对问题不理解，或者难以回答也较为常见，因此，教师需有足够的思想准备，要冷静并随机应变，实现预设与生成的有机结合。

第六，注重方法，讲究针对性。针对性有两层含义：一是不同阶段提不同程度的问题；二是所提问题恰好是学生的疑难之处。故教师在提问时，需针对问题本身及学生的实际，选择恰当的问题呈现方式和提问方式，使学生乐于思考、乐于回答所提问题。提问时，可用直接提问法、情境导入法、讨论过渡法、练习介入法等，无论用哪种方法，教师都要事先精心设计。

第七，面向全体，讲究多样性。教师的提问，要面向全体学生。一是教师需要采取多样化的提问方式；二是教师需安排多样化的学生回答问题。问题需吸引所有学生都能积极参加思维活动，这要求教师必须根据教学目的、要求及学生实际设计难度适中、梯度合理的问题，然后根据问题的难易，有目的地选择提问对象，促使每一个学生用心回答问题，使他们都能在自己已有的知识水平上努力回答出来。

第八，确保评价的准确性，注重反馈。在学生问答的过程中，教师一定要认真聆听，并及时给予评价，提问的教学活动是教师和学生之间的相互反馈和调试，强化反馈的重要前提和基础是教师及时、准确、有效的评价，通过有效的反馈可以提升教学质量。教师评价学生的问答属于信息反馈，可以帮助学生及时改正错误、强化知识和提升学习能力。并且，学生的问答也是反馈教师的一种形式，可以让教师不断提升自己的教学水平。

四、初中数学教学的语言技能

教学语言的专业性很强，教学语言是教师为了达到教学目的应用的语言，并且，教学语言还需要教师依据具体的教学任务和要求、结合规定教材以及针对不同的学生对象采用不同的方法进行教学，教学语言属于一种具有审美体验的教学手段，它是教师传授知识的重要媒介，是发挥教师个人创造性的重要依据，是解决教学矛盾的重要手段，是传递知识的重要途径，也是让学生和教学环境保持平衡的重要依据，还是调动学生学习积极性的影响因素。

数学教学语言则是以数学符号为主要词汇，以数学公理、定理、公式等为语法规则构成的一种教学语言。数学教学语言是在数学知识的产生、发展和运用过程中逐渐形成的，是数学内容经过归纳、概括、抽象的一种表达形式。因此，数学教学语言技能，就是教师用数学教学语言向学生传递信息、提供指导、培养学生思维、促进学生建立良好数学个性品质等方面的语言行为方式的一种技能。数学教学语言技能并不独立存在于数学教学之外，而是与数学、数学教学活动同时存在，它是一切数学教学活动（如传授知识和技能、培养能力和方法、表达思想感情、激发学习热情等）最基本的行为方式。数学教学语言技能是可描述、可观察、可培训的具体教学行为。因此，数学教学语言技能可通过学习来掌握，在练习实践中得到巩固和发展。

（一）语言技能的作用

教师课堂教学语言，在一定程度上反映了教师的水平能力，显示出教师的形象，更直接影响教学的实际效果。因此，掌握数学教学语言技能、提高数学教学语言水平，是教师在数学课堂教学取得成功的先决条件。数学教学语言技能在教学过程中的主要功能有以下方面：

第一，传递教学信息。数学教学语言是信息的载体，是最直接的交流工具，它能准确、清晰地传递教学信息条理清楚、出口成章、针对性强、言简意赅、用语严谨的数学教学语言，学生愿听、爱听，感觉真切，这有利于学生接受各种知识技能。

第二，形成学科语言。语言是思想的直接体现，数学学科的产生、发展和应用都离不开数学语言。教师运用的数学教学语言，对学生逐步形成学科语言起到至关重要的作用。

第三，锻炼数学思维。形象、生动、富有启发性的数学教学语言，能使学生的智力得到发展，能力得到培养。高效率的说明、讲述、推理和论证，要求听讲者思维敏捷、有预见性，在听的过程中，辨析能力、记忆能力、想象能力可以得到锻炼。在愉快和谐、充满智慧、积极紧张的课堂教学氛围里，学生积极主动思考，分析、综合以至理解、掌握所学的内容，从而使思维能力、分析能力、判断能力得到有效提高。

第四，吸引学生注意。生动的数学教学语能吸引学生的注意，激发学生的学习兴趣和积极性。在数学课堂教学中，通过数学语言的熏陶，学生会受到思想的启迪，获得美的享受。

第五，发展教师思维。提高教师的数学语言技能可以有效促进教师的思维品质发展。思维的原材料是语言信息，拓展思维的过程就是加工信息的过程。语言能力越强，思维加工能力就越强。数学教学语言技能的训练可以有效增加教师的数学语言信息储备，可以有效锻炼教师的思维能力和语言表达能力，这对培养教师的思维敏捷度非常有效。除此之外，数学教学语言可以充分表达教师的思想感情，正是通过恰当的语言要素组织语言表达情感，教师的思想情感才能被学生理解；并且，数学教学语言可以充分反馈教师的思想感情，通过有效的反馈，教师才能不断修正和补充思维体系。思维和语言的关系是辩证统一的，语言能力的提高代表着思维品质的提高；思维品质的提高有助于应用数学语言管理和发展数学教师的能力。两者相互促进。因此，训练数学教学语言技能可以训练数学教师的思维能力，促进教师的全面发展。

（二）语言技能的类型

在初中数学课堂教学中，通常是讲解数学基本概念、数学公式和数学定理，启发学生应用所掌握的数学知识分析、解决有关问题。在教学语言的设计上要强调语言表达的准确性，同时要具有严密性和逻辑性。一节数学课的教学过程大体上可分为导入新课、讲解新知、课堂提问、课堂小结、课堂评价等环节。教师在进行教学设计时，需要精心设计好每一段教学语言，使得新课导入新颖、过渡自然，新知讲解重点突出、难点突破，提问富有启发性，小结具有精练性，课堂评价具有针对性。教师课堂教学语言的设计包含以下方面：

设计课堂导入语言。在教学中，课堂导入语的作用非常重要，它可以为课堂设置"悬念"，激发学生的好奇心，可以让学生明确教学内容和目的，可以充分调动学生的主动性和积极性，激发学生的求知欲，最终实现理解并掌握教学内容的目标。

设计新课讲解。数学教学即数学语言教学。实际上，数学教学就是交给学生相应的概念、定理、公式等。在实际教学的过程中，数学教师在叙述和分析数学的概念时应尽可能简洁明了、条理清晰，另外，也可以运用比拟、比喻等修辞方法讲授教学内容，数学语言的特点是形象生动，比较符合学生的思维方式和心理特点。

设计课堂提问。课堂提问是双向的，教师与学生之间、学生与学生之间，在一问一答之间完成教学活动。教师在设计问题时，应该注重针对性及启发性，并充分拓展学生的思维；另外，问题应该设定一定的难度梯度；问题内容不能脱离教学内容；在提问时，也要根据学生的学习水平有选择性地提问学生。

设计课堂小结语言。课堂小结是指教师根据每一章节总结归纳的知识内容，是对教学内容的整理和归纳，在表达小结内容时一定要准确精练，进而发挥小结语言的作用。通常情况下，小结语言是一些总结性语言和总结解题方法的内容，也是串联和梳理每一个章节的内容，另外，小节的内容一定要精心提炼并反复思考，这样才能保障内容的准确和权威。小结语言也可以称为课堂结束语，小结语言可以有效地总结和归纳每一章的教学内容，给学生留下深刻的印象，因此，在总结时，教师一定要精心设计结束语。结束语的成功标志着教学口语艺术的精练。

设计过渡语。过渡语言又可以称为转换语言和衔接语言等，是指教学环节之间或大问题与大问题之间的过渡语。过渡语的巧妙运用可以起到上下衔接、深化逻辑以及勾连自然的作用。过渡语也可以作为引路语，可以用来提示和引导学生更加顺利地进入下一个内容的学习。过渡语还是粘连语，它可以将课堂中的内容连接为一个大整体，让学生有层次、系统地学习和掌握知识。过渡语最重要的就是要简洁、自然，让整个教学内容融为一体，且不乏趣味性和艺术性。

设计教师评价语。教师评价语的主要作用是对学生的学习给出明确的指导意见，具有启发性和激励性，学生可以根据教师的评价了解自己的学习情况，并根据教师的意见不断改正和进步，另外，教师评价语还能衡量学生的学习水平，可以起到助力和激励作用，能增强学生的自信心。并且，教师的评价语言一定要尊重学生，因为尊重学生可以激发学生的潜能，进而提高学生的思想道德和知识能力等，教师以积极向上的态度面对学生和数学，可以有效激发学生的学习兴趣，但同时，教师的评价语还是一把双刃剑，如果评价得当，就可以不断激励学生；如果评价不当，则会打击学生的积极性、自尊心和自信心，抑制学生的学习积极性，所以，评价语言一定要正确使用。

（三）语言技能的实施

数学语言作为一种专业语言，在促进国际交流和各学科之间的理解和沟通方面有着重要的文化价值。然而，对于知识基础薄弱和受到年龄限制的学生而言，要理解用数学语言表述的数学知识是有一定困难的。在数学教学中，教师一般不宜直接使用数学语言作为讲授语言，而需根据学生的心理特征和知识基础，将数学语言转化为容易被学生接受的语言。

1. 数学教学语言内容的选择

数学语言的确切性、精练性体现在教材上，也必须体现在教师的教学语言上，它包括对数学定义、定理、公式和法则的阐述和板书，对某些数学事实的分析与讲解，对解题思路方法的讲述，对课堂内容的小结，等等。数学教师还要掌握各种教学语言。此外，还必须从教师个人的特点出发，研究如何选择数学教学语言。数学教学语言包括通俗语言，教学型数学语言，文字、符号混合型数学语言和符号型数学语言

（1）通俗语言。通俗语言，也称为自然语言，即人们平时使用的口头语言。通俗语言生动形象，易于理解，教师可挥洒自如，听着亲切自然，容易得到情感上的认可，易被学生接受。在使用通俗语言时，教师要十分注意，若它所表述的数学方法或数学事实不够明确或不恰当，容易造成学生的误解。因此，用通俗语言表述某个数学方法时，必须对所指数学问题的条件、适用范围，甚至每个词的含义及它隐含的意义交代清楚，分析透彻。

（2）教学型数学语言。教学型数学语言是指教师将书本上的数学语言重新组织，用符合数学逻辑、语言逻辑的语言讲出数学事实。数学教学，特别是课堂教学中，教师要用语言讲解数学概念、定理、方法，但又不能完全使用书本上的数学语言。因为对学生而言，书本上的数学语言过于抽象，不易理解。而教学型数学语言表述的数学事实完整、准确，又十分细致，它把数学语言化为长句子，易于学生理解、接受。教学型数学语言是每位数学教师课堂上一定会使用到的语言，数学教材中的任何部分都可用它来进行教学。教学中，

教师常把书本上的数学语言转为教学型数学语言。

（3）文字、符号混合型数学语言。文字型数学语言是指完全用文字叙述一个数学事实，而且是最简练的语言。数学书籍、论文中的定义，定理的纯文字表达的语言都是文字型的数学语言。符号型数学语言是指由数学符号构成的人工语言。它是由一些数字、字母、运算符号和关系符号等，按一定法则构成各种数学表达式。文字、符号混合型数学语言是指上述两种数学语言的混合使用，这是数学教材、数学文章和数学教学中更为广泛使用的数学语言。数学教材中，大量使用符号型语言进行逻辑推导、证明或计算，虽简洁准确，但也抽象深奥，教师要根据学生的理解程度，适当插入简明的文字型数学语言，以帮助学生的理解。文字型数学语言较符号型语言易接受，文字型数学语言是学生进一步掌握符号型数学语言的基础。

2. 语言技能的应用要求解读

从教学的内容、教学的对象——学生运用语言等角度出发，在数学教学语言技能的运用中，应遵循下列要求：

（1）善用数学专门语言，并与通俗语言巧妙结合。数学教学语言是学科的教学语言，数学学科有自己的概念、理论，并通过它们所构成的理论体系来揭示其客观规律。这类概念理论系列，是用专业术语来表达的。

（2）数学教学语言导入用词准确，合乎逻辑。讲一段话，必须符合事物自身发展变化的规律，合乎人们认识事物的规律，也就是说必须合乎逻辑，这是数学内容科学性的重要保证。

（3）数学教学语言要有教育性。教育性是由学校工作的总目标和教师的职责决定的，教师的根本职责是教书育人，教师在课堂上的讲话（课外也一样），既是在传授知识，又是在进行思想教育。教师的教学语言对学生的思想、情感形成有潜移默化的影响。一般而言，学生的年龄越低，这种影响越大。课堂口语的教育性，是与所教内容紧密结合在一起的，教育应该随时渗透，启发诱导。

（4）数学教学语言要严谨流畅。数学教学语言的严谨性要体现在教师课堂教学的每一句话。对学科内容的阐述，有些内容必须要精准。教师对课上每一小段知识的教学，都要设计好主要教学语言，表达时才能紧凑、连贯。

（5）数学教学语言应该具备启发性。具有启发性的语言的主要作用是启发学生充分认识学习的意义和目的，不断激发他们的学习积极性和求知欲；启发学生演绎推理、分析比较、总结归纳，可以激发学生的思辨能力，引导学生正确分析和处理问题；启发学生养成良好的审美情趣，不断丰富学生的精神世界和思想情感。教学语言的启发性需要教师做到以下三点：一是教师一定要尊重学生，关爱学生，以饱满的情感教导学生；二是教师应该将新旧知识的联系以形象化的形式展现给学生，让学生更轻松直观地学习和掌握抽象的知识，不断激发学生的联想和想象，进而起到发散学生思维的作用；三是教师要善于抓住教学内容的发展规律和内在矛盾，在组织教学语言的过程中以提出矛盾、解决矛盾的方式引导学生形成正确处理矛盾的习惯，帮助学生形成积极思考的习惯。

（6）数学教学语言应该具备动机性。教师在讲课的过程中，教学语言一定要结合学生的思想，保持和学生的接受水平一致。通过观察学生的反应灵活地调整说话的方式和组织语句的方式，让语言更易被学生接受。除此之外，教师在教学时还要积极负责，备课时不仅需要对教学语言进行慎重思考，还要充分考虑学生的学习情况和行为，做好灵活运用语言的准备，并对讲授的学科内容了如指掌；需要具备丰富的心理学相关知识，具备较强的观察力和判断力；还要具备较高的文化素养及丰富的语言词汇。

五、初中数学教学的板书技能

数学板书技能是教师在黑板或投影片上书写文字或其他符号的活动方式。从信息传播学的角度来看，教学过程是信息传播的过程。教育信息按其表现形式可分为形象信息（如实物、代替物、模拟物及人的非言语行为）和符号信息（如知识的概念、定理、公式、教学等言语符号）。而教学上的数学板书则既有形象信息，又有符号信息，它是一种视觉符号，它是通过文字、图形、色彩、结构等直接刺激学生的视觉感官来传播教学信息的。

数学板书可分为两种：一是教师根据教学内容概括出来，提纲挈领地反映教学内容的文字或其他符号，它往往写在黑板或投影片的显要位置上，可称为主数学板书；二是作为主数学板书补充的注释性、提示性、示意性等具有一定随机性、临时性和局部性特点的文字其他符号，这种数学板书可称为副数学板书。

（一）板书技能的作用

数学板书的作用主要有以下方面：

第一，提示逻辑结构，便于学生和教师的连贯思考。板书的作用是帮助实现教学目标，可以更精炼地展示教学内容，展现教材结构。在推导公式的时候应用适当的板书可以让整个推导过程变得更加清晰明了，方便学生跟上推导过程和思路，也便于学生记忆。在运用板书的过程中，教师可以根据教材的提纲简要表述课堂内容及推导的线索，突出教学重难点，便于学生形成知识体系，帮助学生更好地理解和记忆。因为板书是随着教师的讲授内容不断展开的，所以学生在学习的过程中自然就会将注意力集中到教师的各种状态、动作和讲授内容中。

第二，强化直观的教学内容，增加感官刺激。板书可以非常直观地展现教学内容，有助于增强教学效果。板书包含形象的组织结构、简明扼要的信息及丰富多样的语言符号和不同的色彩搭配，可以给学生强烈的感官刺激，强化学生的记忆。所以，教师在教学的过程中，一定要恰当地应用板书，将关键信息呈现在板书中，从而起到加强刺激的作用。

第三，激发学生的学习积极性，帮助学生集中注意力。板书中的文字、表格、图像及简笔画等形式具有多元化、简洁的特点，对学生来说，可以产生很强的视觉冲击，让学生产生强烈的刺激和感染，进而激发学生的积极性。

第四，有效突出教学重点，深化教学内容的理解。板书是将教学内容简化呈现给学生，突出教学的重难点。因此，板书设计一定要目标明确、条理清晰、语言简练、内容紧扣主题，这样才能给学生留下想象的空间。

（二）板书技能的类型

数学是思维的体操。我们在数学教学中要借助于文字、线条、图形、符号等，利用色彩配合、形象透视等方法，创造出内容美与形式美和谐统一的数学板书，增强学生的记忆和理解，培养学生的数学思维能力和推理能力。

数学教学板书讲求科学性，层次分明，条理清楚，形象直观，有利于突出重点，突破难点，它是落实教学目标的重要手段。所以，在课堂小结时要充分利用板书教给学生学习的方法。

数学板书大致上可分为七种类型：提纲式、过程式、图示式、比较式、表格式、概括式和综合式。应该指出，这样的分类不是唯一的，各种类型之间的区分也不是绝对的。但为了更好地研究板书技能，做一定的分类又是必要的。

第一，提纲式板书。提纲式板书是指教师根据教学内容进行分析、综合，用精要的文字归纳出若干知识结构、重点和关系的提纲或提要形式的板书。提纲式板书的特点是用精练的语言对有关内容进行高度浓缩，省略了细节，要突出重点、要点，而且条理清楚，体现了知识的层次结构，它可以有效地揭示教学内容和引导学生学习，加深理解和增强记忆效果。

第二，过程式板书。过程式板书是对教学内容进行逐步呈现的板书，包括对数学教学中常见的定理、公式的推导，例题的证明及运算求解等。过程式板书是数学板书的精华部分，重点在于过程，它揭示了数学知识发生过程和学生认知过程，体现了数学的思想和方法，有利于培养学生的推理论能力和运算求解能力。在数学性质发现及论证、运算与求解的教学中经常用到过程式板书，这也恰恰符合认知理论的实践。另外，过程式板书有很强的逻辑严密性，对学生的思维发展具有很大的启发性。

第三，图示式板书。图示式板书是指运用文字、数字、线条或其他符号将知识、内容按一定联系组合起来的板书。这种板书的特点是能够直观形象地呈现有关内容的联系和变化规律，它经常在对某个课题内容进行分析、归纳、推理或将相关知识内容联系起来时使用。由于图示式板书具有形象、直观的特点，所以较容易引起学生的注意，便于学生对数学知识进行分析和比较，促进学生思考与记忆。如果条件允许，可以根据教学内容的需要，也可以将图形制成电子文稿，借助于多媒体教学技术，通过投影仪进行展示，这样既节省时间又能多次反复使用，可以有更好的直观效果。图示式板书体现的数学知识丰富，在实际教学中应用范围很广，按其内容之间的关系可以分为总分型、线索型、流程型等。但不管使用怎样的图示式板书，板书作为教学内容中不可缺少的重要组成部分，都要讲究整体性、知识性、形象性和科学性。

第四，比较式板书。比较式板书是指将有关教学内容按一定规律排列起来而形成对比形式的板书，这种板书因为直观形象的对比关系而直接刺激学生的视觉感官引起对比感觉，从而引导学生积极进行观察、对比，使有关知识内容的内在联系在这种板书中得以更好地呈现，它有利于学生找出联系与区别。

第五，表格式板书。表格式板书是指根据数学教学内容对研究课题进行分类、对比并用表格形式出现的板书，它的特点是化繁为简、对照鲜明，便于学生加强对知识的记忆、分类、归纳、对比，有利于培养学生的数学系统化分析思维。

第六，概括式板书。根据某个课题内容或某个知识的特点进行归纳、概括的板书就是概括式板书。这种板书能较好地展示有关内容或知识的特点，有利于引导学生观察，从中发现规律，加深对课题的认识。

第七，综合式板书。把课题中或知识的各个部分联成一个统一整体的板书就是综合式板书。由于把行关知识内容按一定的联结方式组合起来，使知识间的联系得以沟通，所以它有利于学生从整体上掌握知识，建立良好的认知结构，有利于记忆和知识迁移。

（三）板书技能的实施

1. 数学教学板书的实施重点

数学板书是教学中不可缺少的部分，是师生交流的一种手段，运用板书时要注意选择适合的板书类型，并与数学语言、多媒体、课堂情境相结合，以提高课堂效率，启发学生思考，促进学生对数学内容的理解和记忆。

（1）数学板书类型的选择。数学板书的类型有多种，但各种类型板书的应用范围不一。按表现形式来看，提纲式板书常用于课堂小结和复习，侧重对知识的概括和归纳；过程式板书常用于论证推理、解题教学之中，是数学教学的重中之重；图示式与表格式板书表现灵活，有利于揭示知识结构，不仅能用于数学知识的分析和比较，也能用于归纳和总结。每一种板书都有自己的劣势和优势，设计板书时，应该根据教学课型、教学内容而定。在实际教学中，往往要综合使用多种类型的板书，优势互补，力求达到最好的效果，

（2）数学板书应用要点。

第一，紧扣教学，精心设计。在课堂组织教学中，板书只是执行教学计划的一部分，设计板书要注意两点：一是教学内容；二是教学目的。教学内容是设计板书的依据，决定着板书内容的取舍，教学内容不一定全是板书内容，而板书内容体现了主要的教学内容。教学目的决定着板书设计的主题和结构，甚至影响板书的语言。只有将这两点有机联系起来，并以此为出发点来设计板书，才能发挥其在完成教学任务方面有力的辅助作用。

教师在备课的时候，应按照教学内容的知识结构设计板书，紧扣教学目标，合理谋划布局。在组织教学时，板书要体现各部分之间的关系，如从属关系、并列关系、因果关系或递进关系等板书要体现学生的认知过程和思维过程，讲究先后次序，哪些内容写在前面（为后面知识的学习做铺垫），哪些内容写在后面，都应该有章可循。

第二，言传身教，注意示范。规范的板书是教师言传身教、释疑释惑的重要途径，也是让学生耳濡目染、立身做人的有效方式，板书是无声的语言，通过规范的板书可以帮助学生提高数学表达能力，养成良好的解题习惯。个别同学解题不规范，步骤不完整，字迹潦草，作图不清晰，数学语言运用不准确等，这些或多或少地与教师日常的板书不规范有关。板书的规范体现在很多方面，如标题醒目，内容结构严谨，文字符号书写工整，解题步骤书写规范，设计合理等，板书的整个版面应整洁清晰，重点突出，疏密得当，错落有致，具有和谐美及整体美。

板书的示范性应注重两个方面：首先，数学板书的内容不能出错，内容要完整。数学教学是严谨的，数学课堂教学很大一部分时间用在数学板书上，板书内容是数学教学的重点。如果板书内容出现了错误，就会带来不良的影响。例如，在初中入门教学中，出现$(-3)^2$和(-3^2)两个式子，在意义上和语言表达上它们都有很大的不同，而这恰恰是容易出错的地方，教师在板书和语言表达时都要十分注意。因此，要求板书的内容一定要正确，要有科学性。其次，出现在板书上的文字、数学符号及数学图形都必须准确、规范、科学。文字要规范，笔顺要正确，要写标准简化字，不写错别字和繁体字，一行字要写平直。数学符号要符合标准，要注意新旧教材的不同，不写个性化的数学符号。作图要准确、直观，尤其在中学数学入门作图时，尽可能用辅助工具作图，要养成良好的习惯。

优秀的板书应像一份专刊，字迹美观，数形并茂，重点醒目，疏密有致，布局均衡，不仅给学生树立模仿的榜样，也给人以美的享受。此外，板书具有很强的示范性，它对学生个性品质、作风和思想都是有影响的，所以不能不引起教师的注意。身为教师，平时在黑板上的书写和作图都应做好表率。

第三，条理清楚，计划合理。板书的目的在于启发思维，强化记忆，激发兴趣。一般情况下，数学教学内容都有一定的层次性、思维的连续性和严密的逻辑性，这些都给学生在学习数学时带来一定的困难，而层次分明、条理清楚、逻辑性强的板书有助于学生的理解和记忆，也有利于学生进行思维训练。所以设计的板书要条理清晰，有主有次，一条主线贯穿始终。同时，在实际教学中，教师板书要有计划性，要根据教学目标精心设计板书内容，根据黑板的大小确定板书的格式，预设好板书位置。

第四，高度概括，力求简洁。数学板书是将随着口语讲述将内容逐渐呈现并保留于黑板，因此简洁性很重要。简洁不仅指数学语言，也指问题分析过程和推证思路，还包括图形选择。简洁推证思路，适当运用符号语言，设计明晰的几何图形，对于一道题、一节课的教学成功具有重要意义。

第五，直观启发，艺术性强。板书时，应该让所写内容尽量直观，使学生在理解上不至于产生困难。板书是教学的一个手段，如果板书内容具有很强的直观性，那么学生在听讲时将会事半功倍。另外，通过教学，要让学生体会学习内容中所蕴含的数学思想和方法，提高学生的数学思维品质，为此，在板书时要注意启发性。好的板书能很好地由浅入深地体现知识的内在规律，提示不同知识的区别与联系，进而激发学生思维，启发学生思考。

2. 板书技能实施的注意事项

课堂教学中使用数学板书的目的是为了解释有关课题的本质特征，引起注意，启发思维，增强记忆，辅助口头讲解。数学板书大多是实时进行并呈现刺激学生视觉感官内容的一种持续刺激媒体。在运用数学板书技能时应注意以下方面：

（1）数学板书要简洁准确。首先，每节课时间是有限的，数学板书不能占用太多时间；数学板书的空间（黑板或投影仪）是有限的，数学板书不可能包罗万象。其次，数学板书大多时候是口头讲解的辅助手段，起补充作用。最后，中小学生知觉分析与综合统一的水平较低，观察的目的性、精确性相对笼统、模糊。所以，数学板书应尽量突出事物的特征，应追求少而精的效果，要用简练、准确的文字、符号来引起学生的注意，揭示课题的含义。

（2）数学板书要美观形象。数学板书应在形式、色彩、字体及图线等方面综合考虑，设计美观、形象的数学板书能使学生对材料更好地理解和记忆。

（3）数学板书要变化多样。数学板书是反映教学内容的，而教学内容是如此丰富多彩又具有不同的教学目的，所以数学板书必然是多样化的。另外，刺激物具有新颖性是使学生注意的基本方法，所以数学板书就经常要有一定的变化。数学板书的多样性主要表现在四个方面：形式、色彩、字体、次序。

第一，形式。数学板书的形式除前面提到的，还有很多形式。当然这些"式"之间多少有些重复，但各"式"之间，确实各有所长，应当根据课题要求而使用。

第二，色彩。色彩是最大众化的无声语言。黑板白字或白板黑字由于衬托对比使其成为最适宜的视觉感官刺激，而适当运用颜色的变化来造成刺激的差异性可以唤起学生注意。色彩的运用是很常见的。如大家所熟悉的标出重点字词，给结论性质加框（画线），等等。

第三，字体。字体的变化如果偏离它们所处的环境或偏离学生预期的结果，就会造成差异的刺激，使学生有一种新颖感、惊奇感和独特感。

第四，次序。数学板书次序是使数学板书具有启发性的重要手段。在数学板书的设计中，不仅是形式、色彩、字体和次序某个方面的变化，而且还有这些方面的变化组合，才使得数学板书丰富多彩。板书还要注意与其他教学活动相配合的次序，而这种配合的次序首先是与板书的配合。板书的书写、图形的绘制、媒体的演示、讲解的分析，都要注意教学中次序的控制。板书要把握好次序，避免随意性。同一幅数学板书，教师板书与其他教学活动是否做到次序的灵活配合，教学效果也会不同，在运用数学板书时必须充分考虑这一点。

（4）数学板书要布局合理。首先，学生一次只能注意到数学板书的一部分，其中能看得最清楚的只是视野中很小的中心部分；其次，数学板书是受教学内容、教学目的、黑板空间制约的。为此，教师在课前必须对整个数学板书做出整体的设计。

第一，突出教学的主要内容。人的注意是具有选择性的。美国的心理学研究证明，观众在观察一幅图时，较多是从左上方开始的。因此，应把重要的内容写在黑板的左上和左下区域，如果有重要内容只能写在右下方，则可用一定提示手段（如箭头）把学生的注意力引向。

第二，设计数学板书的次序。中国人的阅读习惯一般是自左而右、自上而下进行的，所以教师在课堂的数学板书也应遵循这个规律。

第三，预估板书的保留时间。数学主板书反映的是课题的主要内容，是要求学生掌握的东西，它与前文、后文有一种承启关系，是全课数学板书的基本"构件"，所以它通常要做较长时间的保留，特别在低年级，主数学板书往往保留至课的结束。数学辅板书是作为数学主板书的注释性、解释性的文字或符号，一般具有较大的随意性，只起着临时性的作用，所以这种板书往往只保留较短的时间。

第四，使用适当的字体图形。数学板书是作用于学生的视觉器官的，所以数学板书的字体、图形的大小应使所有学生能不费力地看清楚为宜，字（图形或其他符号）距、行距要疏密适宜，字体要端正，才能使学生看起来不易疲劳。

第二节　初中数学教学中的反思与评价

一、初中数学教学反思

反思是一种能力，它可以帮助人们考察自己的行动与所处环境。作为一种行为能力，反思能让人更理性、更合理地理解不同的行为及发生规律。人经历的事件与事件结果之间存在着必然联系，通过反思就能找出这样的联系。作为一种优良品质，反思可以通过对行为和结果的分析，得到产生更好的结果的途径，由此得到更有意义的经验。

（一）初中数学教学反思的内容

1. 反思的层次

（1）对教学理念反思。一堂数学课进行的是否顺利，课堂效果能否达成，首先可以通过一节课的教学的基本观点来考查。课堂教学理念是否合理，观点是否明确，是教师进行课堂反思需要格外关注的地方。例如，一节课上完，教师可以在以下一些方面进行反思：课前反思预设的目标是否达成；教学重点、难点是否顺利达成；学生学习的积极性和主动性是否被调动；本节课是否还有需要改进的地方；教学过程哪些细节能够被继续优化。

（2）对教学设计的反思。教学设计实施的好坏与否，理念是最重要的一环，而要成功实施教学设计，还应注意课堂上的一些小的细节，例如，是否考虑到了学生实际的水平来安排一节课；如何有效分解和逐步实施教学中的重点、难点；这样设计教学步骤，学生是否乐意接受；如何更好地呈现一堂精彩的课等。

（3）对教学过程的反思。教学过程是实现教学目标的有效保证，而过程能否每一步都有效实施，关系到一堂课总体目标能否实现，因此，有必要反思一下。例如，这堂课准备分几步来完成；每一步有没有具体的实现目标；每一步之间是如何有效关联的等。

2. 反思的时间

根据反思的前后关联，反思可以分为教学前的反思预设、教学中的反思调整和教学后的反思归纳。其中，教学前的反思预设指教师在准备本堂课时，对教学内容首先进行细致分解，既要考虑到学生原有的基础和水平，也要考虑到教材本身的特点，灵活地采取反思预设，试图首先预测学生的实际水平和理想水平之间的差距，并尽力使之缩小。教学中的反思调整是关键。

课堂是教学的主阵地，根据预设的反思进行真实的课堂演练，效果到底如何，师生的配合和反映是最好的说明。在教学过程中，教师应当根据实际教学的效果进行一定的调整，让课堂的进展更顺利、更自然，更有利于学生对新知识的领悟和应用。教学中的反思调整就是要及时、自主地在师生互动中反思小结。教学中的反思具有运动性和可变性。教师根据课堂实际及时调整自我的教学行为的同时，还要揣测学生们的心理变化情况。科学研究表明，学生学习积极与否是教师教学效果好坏的晴雨表。教学后的反思需要对课堂后续发展进行持续关注。

教学后的反思归纳分为教学结束时进行的归纳性总结和后续性反思。其具体用于分析教学中的得与失，例如，教学中是否明确教学目标、突出重点和难点；为了完成教学要求，采用了怎样的教学形式和教学策略；学生的反应和反馈是否到位；有没有教学中的疏忽；教学后的反思归纳。不仅能帮助教师找到适合班级的教学方法，使教学效果不断优化，而且有利于教师培养良好的教学反思习惯，对提高教师研究能力大有裨益。一个值得注意的现象是，很多数学教师不太关注教学活动之前和教学进行中的反思环节，却非常重视教学活动后的反思归纳环节。

3. 反思的类型

（1）经验型反思：以过去学习的经验为主导，反思解决问题的方法。

（2）纠错型反思：以抓学生的错误、帮助学生查找错误的原因为主导，反思如何避免相同的错误今后继续出现。

（3）概括型反思：适时地概括小结本课解决问题时用到的方法，使学生形成完整的解题思路和有效的解题方法。

（4）创新型反思：启发学生的创新性思维，反思注意悬念及引入技巧，注重对学生思维的开发。

（二）初中数学教学反思的特性

1. 思维创新性

思维的创新是指不受约定俗成的事物影响，就数学课堂的反思过程而言，需要教师具备独立思考的习惯和勇于进取的精神。反思过程本身就是在教学实践的基础上对课堂进行的再思考，是对教师独特思维和教学体验的再挖掘。教学反思中思维过程是亮点和特色，需要将其挖掘和发扬光大。创新要求并不是说反思的设计需要一味地求新求变，符合课堂实际和学生发展水平的反思才是最成功的，能够让学生不断思考的形式才是最好的形式。在这一过程中，思维水平得到发展，创新能力也会有相应的提高。

2. 科学探究性

数学课堂反思的出发点是研究如何解决数学问题。根据数学学科的内在特点，要求数学教师首先从自身做起，经常进行必要的反思，养成时时处处常反思的良好习惯和意识，经常在平时的课堂教学中开展教学反思活动，加强学生在数学学习中探索精神的培养，形成以科学的态度进行数学探究的意识。教师可以在教学设计和教学过程两方面进行实时监测，从自身做起，身先示范，保证课堂教学高效开展。

（三）初中数学教学反思的方法

第一，以教后感的形式对当天课程进行归纳小结。教师在课堂教学完成后，应写下教学经验和体会，进行归纳小结，将最闪光的和最遗憾的地方及时进行记录。

第二，以语言描述形式在课堂和课后与学生、同行交流。课堂是师生成长最好的主阵地，在课堂上师生的智慧会得到最大的发挥和展示。因此，但凡能够挤出时间的话，教师都应当在课堂中给学生充分的思考时间和空间，让学生充分表达对一节课内容的理解和领悟情况，给学生舞台让学生表现。另外，如果有机会的话，教师也可以互相观摩彼此的课堂，并描述观摩过程、细节和结果，接着与其他教师互相交流，共同提高。当然，课后如果能够进一步思考课上的内容，通过语言交流不断地继续挖掘深层次的内容，效果一定会更好。

第三，以共同发展的形式反思提高。正所谓集思广益方能推陈出新，各个学校的教师聚在一起，提出各课堂上遇到的问题，共同讨论寻找解决问题的方法，最后的成果由参加研究的教师共享，必定能够将课堂小结反思的成果发扬光大。

第四，以行动研究指引课堂模式不断发展。教师将各自在课堂上遇到的问题，集中起来有针对性地进行调查和研究，通过实验的方式进行尝试解决，不失为反思的努力方向。

课堂反思常用的一些研究方法为：①微格教学法：将教学过程进行录像分析，通过观看课堂教学的实录，同行共同分析和发现不足，给出好的见解和解决方法，让课堂教学效果进一步提高。②文献研究法：所谓博学而广识，多读与教育教学相关的图书，多学习教育教学理论知识，让自身水平不断提高，可以更好地指导自己的实际教学。③行动研究法：教师们互相听课，通过观察教学过程，教师之间互相促进，共同作战，共同提高。④小组研讨法：通过小组的形式对某个教学课题进行讨论，对教学中普遍存在的问题共同探究，寻求解决问题的最佳方案。

如何从原先不被重视的细节中找到突破的方向，不断改善教学的质量和效果，是每一位教育者应当思考的切实问题。其实，课堂反思的实践与探索和课堂中的其他方方面面相同，努力做好定会有所收获。从以上角度出发，教师对课堂反思的过程的设计和优化，会不断丰富教师对课堂教学的理解。通过这一过程，教师对课堂的掌控将会更加自然、更为得心应手。从另一个角度来看，学生也将成为反思过程的直接受益者，其数学思维和能力在潜移默化中将得到长足的发展。

二、初中数学教学评价

教学评价是教育理论中的核心内容之一。初中数学课堂教学评价作为初中数学教育评价的主体内容，主要目的是全面了解学生数学学习的过程和结果，激励学生学习和改进教师教学。评价以课程目标和内容为依据，体现基本理念，全面评价学生在知识技能、数学思考、问题解决和情感态度等方面的表现。课堂教学是实施课程的主渠道。在初中数学教学中，课堂教学评价的功能涉及评价学生的进步、调节教师的教学以及为家长们提供他们的孩子在校学习数学的情况等方面，其主要目的是为了全面了解学生的数学学习历程，激励学生的学习，改进教师的教学。

（一）初中数学教学评价的理念

数学教学是数学活动的教学，是师生之间、学生之间交往互动、共同发展的过程。数学课堂教学，要紧密联系学生的生活实际，从学生的生活经验和已有知识出发，创设生动有趣的情境，引导学生开展观察、操作、猜想、推理、交流等活动，使学生通过数学活动，掌握基本的数学知识和技能，初步学会从数学的角度观察事物，思考问题，激发对数学的兴趣。

学生是数学课堂教学的主体，教师是学生数学活动的组织者、引导者与合作者。教师要正确地认识学生个体差异，因材施教，使每个学生都在原有的基础上得到充分的发展；要关注学生的学习过程，不仅要关注学生观察、分析、表达、操作、与人合作等一般能力的发展，以及运算、空间观念、统计、解决问题等数学能力的发展，更要关注学生在情感、态度与价值观等方面的健康和谐发展；不仅要关注课堂教学的结果，更要关注课堂教学的过程。

数学课堂教学是教师依据数学课程标准的理念与基本要求，在全面驾驭教科书的知识体系、知识结构和编写意图的基础上，根据学生的具体情况，对教学内容进行再创造的过程。在全面实施课改的今天，初中数学课堂教学中的评价新理念尤以以下两个方面最为突出：

第一，评价是为了全面考查学生的学习状况，激励学生的学习热情，促进学生的全面发展。对学生数学学习的评价，应先关注学生的数学活动，包括学生在活动过程中的投入程度、活动水平以及通过活动所获得的发展；对知识和技能的评价，应侧重于学段目标中所提到的重要数学知识和方法，对它们的评价应在实际背景和解决问题的过程中进行，并注重不同内容之间的联系；评价应突出自评、小组合作以及考试等几种方式的综合运用；评价结果应能较为全面地刻画学生数学学习的现状和发展，结果的呈现应注意将定性描述与定量表述相结合，尽量使用鼓励性语言。

第二，评价是教师反思和改进教学的有力手段。数学课堂教学是数学教师的教学技能、教学能力、业务水平、文化修养、教育观点、师德和思想素质的综合表现。因此，数学课堂教学的评价的目的还在于，总结教师优秀的教学经验，诊断教学的不足，以便更有效地改进教学。数学课堂教学评价同时也是教师进行教学反思、开展教学研究、促进自我专业成长的重要途径。

（二）初中数学教学评价的维度

对教学过程中教师的教学，可以从如下三个维度来进行评价：学生在课堂教学中的情意过程、学生在数学学习中的认知过程、教师的因材施教过程。这是评价数学课堂教学过程中教师教学最基本的三个方面。

1. 情意过程

评价数学课堂教学过程中教师的教学，应当先关注数学课堂教学。

（1）教学环境：是否营造了一个平等、民主、和谐的师生关系、生生关系，教师是否鼓励学生发现问题、提出问题，学生是否敢于质疑、大胆尝试、乐于交流与合作。

（2）学习兴趣：教师能否充分地调动学生的学习积极性，使全体学生都能够主动、有效地投入到数学活动之中；学生是否对数学有好奇心与求知欲。

（3）自信心：教师能否让学生在数学学习活动中获得成功的体验，学生能否在学习过程中建立自信心。

2. 认知过程

有效的数学课堂教学还应关注学生的认知过程。评价教师的课堂教学要关注教师在实施数学课堂教学过程中能否使学生有效地经历数学知识的形成过程，能否使学生在获得必要的基础知识与基本技能的同时，发展实践能力与创新意识。可以从以下三个方面进行评价：

（1）学习方式：教师能否根据具体的教学内容，引导学生开展有效的学习，是否体现动手实践、自主探索、合作交流等有效的学习方式。

（2）思维的发展：教师能否发展学生的形象思维能力、抽象思维能力、统计观念、合情推理能力、初步的演绎推理能力与初步反思的意识。

（3）解决问题与应用意识：教师能否有效地组织学生初步学会从数学的角度提出问题、理解问题，并能综合运用所学的知识和技能解决简单的实际问题，发展应用意识；能否使学生形成解决问题的一些基本策略，体验解决问题策略的多样性。

3. 因材施教

义务教育阶段的数学课程应面向全体学生，数学课堂教学要体现因材施教的原则，使得每一个学生都能获得必需的数学知识，使得不同的学生在数学上有着不同的发展。数学课堂教学应当是一个师生互动、生生互动、共同发展的过程。教师应当能够根据数学问题情境的特点组织教学。有些问题需要学生独立解决；有些问题需要在学生独立思考的基础上，组织学生进行小组合作交流；有些问题需要通过小组合作共同完成。按照这种评价纬度进行，还应关注以下方面：

（1）尊重个性差异：教学中能否尊重每一个学生的个性特征，允许不同的学生从不同的角度认识问题，采用不同的方式表达自己的想法，用不同的知识与方法解决问题。

（2）面向全体学生：教师能否在课堂教学中关注每一个学生，特别是对学习有困难的学生给予切实的帮助。

（3）教学方法与手段：合理有效地使用教学方法与手段。在合作学习中要关注教师能否组织学生进行有效的小组合作学习与交流活动，例如学生能否认真地倾听别人的意见，是否能够保证每个学生都有发表自己想法的机会，能否清晰地表达自己的想法，能否在交流中不断调整自己的思维。此外，根据数学课堂教学的整体性、综合性以及教学效果的动态生成性，也可以按照如下的要素维度进行数学课堂评价：教学目标、教学内容、教学方法、教学心理环境、教师行为、学生行为、教学效果。其中，教师行为和学生行为是评价的核心因素。

从发展性的角度，也可以从不同的进行课堂教学评价：教学思想：以育人为本、德育为核心、面向全体、因材施教。教学目标：反映大纲要求，符合学习特点，在教学过程中体现教学目标。教学内容：科学准确、处理得当、熟练自如。教学环节：灵活多样、自然得体、善于组织。教学方法：逻辑性强、启发性强、通俗性强、开放性强、实用性强。教学效果：达成教学目标，进行学法指导，促进能力发展。

（三）初中数学教学评价的标准

数学学习评价是教师对学生学习数学整个过程和结果的判断、解释和评估，具有导向、调控、激励、诊断的作用，是数学教学中重要的组成部分。

1. 评价标准要正确与全面

对学生的数学学习进行评价，是数学课程实施的重要环节。评价的主要目的是全面了解学生学习数学的过程和结果。激励学生学习，促进学生的学业进步和全面发展以及改善教师的教学和提高教学质量。评价须注重目标、教学和评价的一致性，运用科学、可行和多样的评价方式，对学生的数学学习过程和效果进行价值判断。评价不仅要关注学生的学习结果，而且要关注学生在学习过程中的发展和变化。

数学学习评价应以学生为中心，要注意学生的个性差异，要让学生了解评价方法与过程，并引导学生参与评价过程，以便发挥学生的主体作用。评价不仅要考查学生在数学知识、数学技能的掌握和情感态度与价值观的变化等方面是否达到要求，还要注意考查学生数学学习的过程与方法，避免将数学知识的掌握程度作为唯一的评价内容。因此，在制定数学学习的评价标准时应力求评价标准的正确、全面。要保证评价标准的正确全面，必须要注意以下两点：

（1）评价目标的选择与确定。清晰的学习目标和评价目标是有效评价的关键。对学生数学学习的评价，包括知识与能力、过程与方法、情感态度与价值观三个部分。这三个部分是一个密切联系、相互交融的有机整体，在确定评价目标时，可将数学课程每个板块在这三个部分的要点列举出来，并对每个要点进行可测量的描述。

对数学基础知识和数学学习能力的评价，既包括考查学生对相关知识的概念、方法、规律、应用等方面的掌握程度，又包括考查对数学问题进行判断、分析、论证和解决的水平。考查应以各学习板块的具体目标和要求为标准，准确地把握"了解""理解""应用"的不同层次要求，注重学生是否能够全面、准确地掌握重要数学概念、定理、规律以及数学史发展的基本线索，并能够对有关的数学信息进行有效的获取、处理和运用，对数学问题进行正确的分析和判断，从而进行有效解决。

在对数学学习过程进行评价时，应注重学生对数学的感知、理解、探究等方面的发展变化，发现并鼓励学生在学习过程中的进步。评价要注重对学生学习过程的整体评价，既包括学生的认知发展水平，又包括学生在情感、态度、思维、活动经验等方面的进展。对学习方法的评价，要与对知识与能力的评价结合起来，不仅注重学生对数学学习方法的运用程度，也要注重学生在学习态度、学习习惯和学习策略上的进步。对这方面的评价应采取灵活多样的方法，将定性与定量相结合，并以定性评价为主。

在情感态度与价值观方面的评价既要坚持正确的思想导向和价值标准，又要尊重学生的个性表现，关注和把握学生在情感、态度以及观点、信念上的变化与发展的趋向，注重学生通过数学学习对正确的思想、观念等方面的感悟、理解和认同程度。对情感态度与价值观的评价主要在平时教学的过程中进行，注重考查和记录学生在不同阶段的状态和发生的变化。

（2）评价方式的选择。不同的评价任务需要选择不同的评价方式，相应的评价标准也就不一样。根据评价功能的不同，评价方式包括诊断性评价、形成性评价和终结性评价三种类型，需要通过选择不同的评价方式，制定不同的评价标准来对学生进行恰如其分的评价。

解题教学不要只停留在追求正确的层面上，全体学生能够找到通法、达成共识、顺利解题固然可喜，但如果出现错误，也要分析原因，追寻合理成分。有时学生的解题能力往往在不断试错、认错、纠错和思错的过程中，通过正反两方面的全面认识而有深层次提高。通过深入探索，进而有效修正，会让学生深入理解自己的知识性错误所在，这与学生独立解题的思维过程是完全吻合的。所以，当错误出现时，教师应该适时引导，让学生自己学会分析，发现错误所在，进而改正错误，杜绝今后同类错误的发生。由此可以看出，制定正确、全面的评价标准确实十分重要。要切实做到这一点，还须具备如下两个条件：

第一，教师要提高自身的数学学科素养。身为一名初中数学教师，要顺利完成教学任务，必须要有深厚而广博的专业素养。这包括：具有贯通古今的通史知识结构，熟悉初等数学知识结构，具有超过数学学科范围的多学科知识结构。科班出身的中学数学教师经过高校系统学习，有一定的专业基础，但面对这样一个知识快速更新的时代，知识的老化也时时伴随着我们。

教师的教学对象是思维活跃朝气蓬勃的学生，具有较强的创新意识及思维能力，较易接受新的思想及知识，这就促使教师也要不断接受新鲜事物，不断追求前沿知识，拓展知识领域，开阔视野。另外，学习型社会的时代背景使得终身学习观得到社会的普遍重视，而教师是直接实践者。这些都成了促使教师自主学习，主动参与各种途径的学习培训，不断促进教师自身专业发展的动力。

2. 评价标准要更加多元化

评价的主要目的是为了全面了解学生的数学学习历程，激励学生的学习和改进教师的教学；应建立评价目标多元、评价方法多样的评价体系。义务教育阶段学生的数学素养有四个方面的具体要求：包括知识与技能、数学思考、解决问题、情感与态度。因此，评价的具体内容应围绕这些方面展开，形成多维度、全面性、开放性的评价内容体系。

（1）奠定扎实的数学基础。在考查学生对基础知识和基本技能的理解和掌握水平时，应注意两点：第一，理解和掌握主要是指学生是否真正理解这些知识和技能背后隐含的数学意义。例如，在学习"正方形"这一部分内容时，除了对正方形的特点进行认识外，还要引导学生认识正方形、矩形、菱形和平行四边形之间的关系。学生获取的一些经验和方法，也是评价的重要内容。第二，数学的基本技能是重要的基础内容之一，学生掌握了必要的基本技能，能为进一步学习奠定扎实的基础。

然而，基本技能的掌握也有个度的问题：一是要考虑基本技能量的问题，而不是什么技能都要掌握；二是要考虑基本技能质的问题，要掌握对学生发展有价值的技能。例如，要学生掌握计算的基本技能，然而随着计算器的普及，计算技能的要求也要适可而止，要关注计算的实用性和多样性，不能违背教学规律，做机械训练。

（2）重视学习过程评价，提高学生的思维能力。在新课程理念下，评价学生学习的过程时，教师应考查学生是否积极主动地参与数学学习活动，是否乐意与同伴进行交流和合作，是否具有学习数学的兴趣。如在进行"测量树的高度"的数学活动时，教师分小组安排了一个实践活动：测一测、算一算校园内一棵大树的高度是多少。在此活动中，教师首先要考查各层学生的参与程度了解学生能否独立地提出测量的方案，能否与他人合作完成共同解决问题，能否将自身的方法和解决问题的过程与他人进行交流。

同时，教师也要了解各层学生在活动中运用知识解决问题和进行数学思考的情况。学生可能出现三种情况：第一，采用如目测、用绳子量、用卷尺量、用竹竿量等多种方法测量，并解释各种方法的合理性和不合理性。第二，创造性地通过小组合作，探索出用多种方法进行测量：利用太阳光下的影子，用竹竿替代大树测量，利用正比例的关系进行计算。第三，能在教师的指导下采用一种方法进行测量。

（3）关注情感态度，激发学生学习的积极性。学生对数学的情感态度主要表现在能积极参与数学活动，对数学具有好奇心与求知欲；在数学学习活动中能获得成功的体验，锻炼克服困难的意志，建立自信心等。显然，对于学生这些方面的表现很难通过试卷进行测试，但可以通过另一种途径来考查。例如，为了使学生在学习过程中通过评价达到激励的目的，一节课结束时，教师可以给班级中的一组学生发1张评价卡，先让每个学生根据自己对这节课的感受，给评价卡上的"我"画上表情，然后再请周围的学生或教师给自己在课堂中的发言，讨论的参与度，思维的广度、深度进行一个评价。这项活动可使每一位学生简单反思自己在本节课中所学的知识和情感体验，树立学好数学的自信心。

教学的关注点要转向学生的学习过程，教师应随时观察、了解学生在课堂上的学习行为表现以及课外练习的情况，及时记录下来，一段时间后整理、分析和评价对日常数学学习行为的观察，主要包括：数学知识与技能、数学思维与方法、学习的参与状态、学习的交往状态、数学学习的情感状态和数学学习的达成状态等。日常的课堂和课外练习是帮助学生巩固数学知识、形成能力必不可少的手段。无论是课堂观察还是作业观察，每隔一段时间就应针对学习内容、学习方法、学习习惯、合作交流、情感态度等方面进行评价。教师应通过对学生的数学学习行为和效果的价值肯定，促进学生相互学习，引导学生的数学学习行为在科学正确的轨道上进行。

评价多元就是要"解放"学生的时间和空间。新课程下的数学教学是将课堂的主动权还给学生，多给学生磨炼与探索的机会。评价多元更需要应时应地，灵活变通。数学课程学习评价标准本身就是多元的和复杂的。教师可在教学中结合教学内容的需要和学生的实际，为学生提供适当、必要的调查活动的机会，拉近他们与生活的距离，使学生从多角度了解数学本质，由此考查学生综合运用数学知识分析和解决问题的实践能力。这就要求教师要根据具体的活动要求对学生的自主活动设计特定的评价标准。由此可见，无论是制定还是使用科学的数学课程学习评价标准，教师都必须具体问题具体分析。

数学学习评价应具有多重价值。数学学习注重发展性评价，进一步拓展了数学学习评价的范围，除了智力因素，更加强调学生非智力因素，即学生的学习情感态度与价值观的评价，从根本上超越了传统数学学习评价对数学知识的过分关注，使评价的目标具有多元维度和取向，充分发挥了评价的诊断、激励和发展性功能。

数学学习评价应贯穿于数学教育活动的全过程。学生数学知识的积累和数学能力的提高需要一个过程，而数学学习评价也是数学学习的一个过程，因此，评价学生的数学学习要具体到每个学段。例如，按学段评价学生是否积极主动地参与数学学习活动，评价学生独立思考的习惯、评价数学思考的发展水平等。

数学学习评价应主体多元、方法多样。教师是学生数学学习的主要评价者，但又不是唯一的评价主体，还应让学生或学习小组展开自评和互评。评价方式可以是课堂观察、访谈和作业分析，可以是书面考试和口试，也可以是活动报告和成长记录袋等，这有助于教师从不同角度、不同侧面提供有关学生数学学习情况的有价值的信息，对学生的发展水平做出客观准确的评价。

数学学习评价应具有多层面内容。数学学习评价应围绕知识与技能、过程与方法、情感态度与价值观三个维度展开，构建全方位的评价体系。对知识与技能的评价，更多地关注知识的理解和在理解基础上的应用，同时把延迟评价和二次评价作为评价方式。对过程与方法的评价，包括提出问题的意识、解决问题的策略和合作交流的程度等。对情感态度与价值观的评价，主要从参与数学学习活动情况、学习习惯和学习兴趣等非智力因素方面着手。

数学学习评价应注重量化评价与质性评价相结合。新课程要求改变将纸笔测验作为唯一或主要评价的手段，结合质性评价，以多种方式呈现评价结果。对于不能量化的部分，应采用描述性评价、课堂激励评价等质性评价方式，对学生的学习表现、知识掌握情况和能力水平进行表述，发挥评价的激励作用。量化和质性评价的结合，就是以动态的评价替代静态的一次性评价，用发展的观点来看待学生的进步。

总而言之，数学课程提倡采用多元化、过程性的科学学习评价标准，并从课堂延伸到学生学习乃至生活的方方面面。如何科学确定数学课程学习评价的标准，还有待于广大老师在长期的教学中不断实践摸索，要坚持常态落实，精心总结归纳。对师生学习的评价是教育教学活动过程中很重要的一个环节。传统的学生学习评价是以教师为主体，把考试测验作为主要甚至唯一检测学生的学习效果的手段，并且以学生学业成绩作为评价学生学习成果的主要依据。这种评价模式很大程度上影响了教师的教育理念，影响和限制了学生的全面发展。

（四）初中数学教学评价的实施

教学评价作为教育评价的一个重要组成部分，也要符合教育评价的基本要求。在具体的实施过程中，也需要遵循一定的原则与步骤。一般而言，在实施数学课堂教学评价时，主要涉及以下方面：

1. 教学评价的准备阶段

（1）确定评价的标准。教学评价标准的基本要求：在遵循导向性、有效性和开放性原则的基础上，具备的基本要求为：体现以促进人的发展为宗旨的教学目标；科学合理的教学内容；体现学生主动学习的策略与方法。

（2）确定评价者。评价一般分为自评和他评。自评是指被评价者依据评价标准对自身的活动所做的价值判断。他评是指被评价者以外的组织或个人依据评价标准对被评价者实施的评价。过去的评价是以评为主，而且评价者的选择由评价的领导小组决定。目前，在科学化的课堂教学评价中，所有教师或者同一学科、同一学年的教师，也按照课堂教学评价表对某一教师的课堂教学进行评价。在现代教学评价中，倾向于在自评与他评相结合的基础上，确立以自评为主的评价原则，以期能够对教学过程进行不断的调整。

（3）商定评价方案。评价方案由评价者同被评价者通过进行专门面谈共同商定。评价方案一般应该包括：评价目的，评价步骤，评价重点（供自我评价、工作描述和其他步骤参考），听课的时间和重点，^集信息的范围、方法和步骤，评价时间表，开展评价面谈的时间及地点。

（4）进行评价有关技能的培训。评价技能培训主要是指对评价者的有关技能的培训。一个评价者必须具备相应的评价技能，否则就无法成为一个合格的评价者。如果没有相应的评价技能，而是随意地进行听课和评价，就会降低评价的信誉，也就无法实现预定的评价目的。

2. 教学评价的具体实施

（1）收集评价信息。收集信息的范围和方法应限于评价方案确定的原则之内，获得评价对象的认可。收集信息主要通过以下途径进行：

第一，说课（只对事前指定的听课进行说课）。通过说课，了解评价对象对本课的安排是否体现素质教育要求和正确的教学指导思想，对教学目标、内容、方法、手段、步骤等的安排是否合理。要由评价者对评价对象进行课前指导，以进一步修正和完善课前准备工作。

第二，课堂观察。课堂观察是评价者在课堂教学评价时获取评价信息的重要途径。在听课前，一定要熟悉课程标准和教材，熟悉教师的教案，确定听课的重点。听课重点的确定既可以根据评价对象的意见来确定，也可以根据评价者的意见来确定。

例如，有些教师认为自己的课堂教学结构安排不够合理，不能很好地控制教师讲授时间和学生动手探究以及小组合作的时间，评价者就应该记录教学在各项教师活动中所用的时间，在听课后的反馈中，与该教师讨论哪些地方讲得不够，哪些地方过于拖沓，哪些是可以省掉的不必要的环节等。在听课过程中，要认真做好听课记录，记录教学过程的详细安排，教师的设问、讲解、演示、板书，以及学生的应答、活动、参与的情况，记录教师收集信息、处理信息的方式，反馈的次数和各教学环节所用的时间，以及包括评价者对听课的感受等。换言之，要恰当运用课前准备的各种评价工具和方法，全面收集符合评价目标的数据。

第三，问卷调查、测验、座谈、访谈。听课结束后，最好还要及时了解学生的反映和教师的自我感受，特别是在诊断性评价中。可以在课后发放调查问卷让学生填写，也可以通过访谈、座谈的方式，与学生交谈，了解他们对教师教学方法的意见，或者通过测验的方式，了解学生对所教内容的掌握程度。教师的自我评价，同样可以采用访谈或者问卷调查的方式进行。

（2）进行评价面谈，这是属于评价后的反馈阶段。评价信息搜集完毕后，要及时地作出反馈，否则会降低评价者的威信和地位，也会给被评价者带来不安。与被评价者进行面谈，一般要求评价者根据听课记录以及其他方式搜集的资料，依据评价标注，对本节课教学中表现出的优势与不足，进行初步的评价，提出改进的建议。面谈时要充分考虑被评价者的心理和接受能力，针对教师的教龄、教学条件等提出中肯的评价。

（3）撰写评价报告。在评价双方通过评价面谈达成初步共识的基础上，评价者要及时撰写评价报告。评价报告要力求言之有物，防止空洞抽象，只给出优秀、合格、不合格这种判决性的简单的结论，或者"讲得比较熟练""符合素质教育的意图"等笼统的反馈意见，这样对被评价者没有任何帮助。评价报告一般包括两个部分：一是评价面谈的讨论记录；二是新的课堂教学发展目标。

（4）经常性的自评。教师根据共同商讨的评价意见和新的课堂教学发展目标，进行经常性的自评，不断完善自己的课堂教学活动。

（5）中期检查。评价者与教师定期进行中期检查面谈，反省实现发展目标的过程、程度及存在的问题，分析问题的症结，提出进一步提高的办法，必要时调整发展目标实现的时间。检查面谈后，撰写一份双方认可的、简明的补充材料，反映出实现目标的过程，附在评价报告中。

第三节 初中数学实施精准教学的策略

数学课堂教学是一门科学，需要采取科学化的教学策略，才能达到高效化教学的目标。为了避免初中数学教学随意化的误区，在初中数学课堂教学中，采取精准化教学十分重要，通过精准化教学能引导学生进行高效化数学学习。

伴随着新课改的持续深入以及素质教育的不断推进，精准教学成为当下一种具有创新性的教学方法。通过对国内外优秀的教学方法进行梳理，借鉴其优势而形成的具有创新性的教学模式，落实了学生的主体本位，这一点与当下所倡导的生本理念相吻合。在初中数学教学中，开展精准教学不仅能够引导学生进行自主学习以及合作探究，还能够促进他们创新思维的发展。

一、制订精准教学目标，指明数学学习方向

在初中数学教学中，首先需要使学生了解本节课的教学目标，这样才能够使其更为精准地把握需要掌握的知识以及内容，同时还应当明确哪些知识需要重点讲解，哪些地方可能在学习过程中出现问题等。但是很多教师却忽略了这一环节，没有意识到教学目标制订的精准化，也没有明确需要重点讲解的知识是哪些。较为普遍的现象是教师耗费了较长的课堂教学时间，但学生所习得的内容却相对较少，未能充分达到课堂教学应有的效果。所

以，在组织初中数学教学时，首先需要明确的就是精准的教学目标，为初中生在课堂上的高效化数学学习奠定基础。

例如，在学习"勾股定理"时，教师可以先在黑板上明确写下本节课的学习目标：①了解勾股定理及其逆定理；②了解勾股定理的发现过程，并对这一过程展开探索和论证；③根据勾股定理，求解直角三角形的第三条边长；④能够借助勾股定理逆定理判定某一三角形是否为直角三角形。在明确指出学习目标之后，顺势引入教学，并进入精准释疑环节，这样，学生就能够在明确重点和难点之后，做到有的放矢地学习，不仅有助于提高学习效能，还能够深化记忆。

"可见，在课堂教学之前，教师可明确列出本节课的学习目标，以实现精准释疑，这样学生就能对本节课所要掌握的重点和难点知识具备整体掌握意识，最大限度地实现教学目标，还能够为学生的高效化数学学习指明方向"①。当然，需要注意的是，在给学生呈现学习目标时，教师要充分考虑学生对学习目标的理解程度，要通过比较简单通俗的语言进行表述，这样学生才能在目标引领下明确学习方向。

二、选择精准教学内容，凸显数学学习重点

在当前的初中数学教材中，所涉及的知识较为繁杂，而且很多学生并不会在实际学习的过程中自主对这些知识点进行整理和归纳，这也是导致其学习效能低下的一个关键原因；还有部分学生在创建知识结构体系的过程中，因为不能确保其完整性，由此产生了对数学学习的排斥心理。很显然，以上两点都不利于创建高效的数学课堂。如果可以对教学内容进行精准化处理，针对关键的知识点组织学生展开全面的强化训练，不仅能有效弥补教学不足，也有利于提升学生对知识的掌握程度。所以，教师需要在课堂教学过程中确保教学内容的精准化，这样，才能凸显学习重点，从而引导学生在课堂上高效的学习数学知识。

例如，在教学"事件的可能性"时，需要对本课的教学内容进行精准化选择，由此学生才能了解事件的可能性及判定方法。具体而言，可以先在导入环节向学生简单介绍几个和可能性有关的小故事，成功聚焦学生的注意力，激发其学习兴趣，顺势引入本节课知识；再通过幻灯片，向学生展示和可能性有关的实验，学生便能对本节课需要学习的知识有一定程度的掌握；然后，将其以 PPT 课件的方式进行呈现，这一简单易懂的呈现方式有助于学生获得直观感知，强化理解；最后，在课堂的结束环节，可以组织一次投掷硬币的活动，充分利用本课所学解决现实问题，而学生也能够在实践的过程中，动手操作及自主探究，深化对知识的掌握。

以上案例中，在不同的教学环节精选重点学习的内容，这样，学生就能够深度参与学习，从而达到事半功倍的教学效果。需要注意的是，教师在精选重点学习内容时，要充分

---

① 唐近凤．初中数学教学实施精准教学"四策略"[J]．数学教学通讯，2020（26）：70.

考虑学生的学情，学习内容要与学生的学情吻合，才能达到事半功倍之效。

三、设计精准教学活动，推进数学学习深度

数学知识的学习，其核心目标就是促使学生实现对知识的灵活应用，但是这一目标并不能够在短时间内快速且高效地实现。而且，就当前的教学实践来看，很多教师所组织的教学活动也没有与课本内容相结合，未能充分满足学生的学习需求以及发展需求，致使教学实践的开展既未能充分达成应有的教学实效，也影响了教学质量，还阻碍了教学水准的提升。所以，教师不仅需要在教学实践中组织丰富的实践活动，还要确保实践活动的精准性，这样才能够有效地推进学生自主学习的深度。

例如，在教学"数据的收集与整理"时，教师不仅要开展正常的课堂教学，还可以结合教材内容，组织具有实践性的活动，帮助学生巩固所学知识。如让学生以全校所有学生为对象进行调查活动，了解学生喜爱的体育运动。在调查活动中，先对学生进行合理分组，使每一个小组成员都了解自己的任务。性格稍显活泼的学生，负责询问和调查的任务；心细的学生，负责记录和整理数据的任务；绘图能力较强的学生，其任务是根据所整理的数据完成图表的绘制。之后学生在班级汇报中展开分享和探讨，这不仅实现了教学活动的精准化，也可以提高学生对数学知识的学习兴趣，还能够让学生在实际活动参与的过程中感悟数学思想，强化知识的应用能力。

以上案例中，教师基于教学内容，为学生设计了精准化的数学实践活动，故而有效地推进了他们自主学习的深度，并且拓展了学生课后学习的空间，这对于提升学生的数学核心素养是具有重要作用的。

四、进行精准教学测评，反馈数学学习成效

传统教学模式下的数学教学，更关注知识层面的传授，实际上却忽视了学生对知识的掌握程度，所以，伴随着教学科技性的持续提升，可以引入大数据，就此展开全面的测评和分析，不仅可以及时发现学生在学习过程中存在的问题，也能够提供有针对性的解决策略，帮助学生架构系统科学的学习模式，促进其自主学力的全面提升。在数学知识的学习过程中，测试具有非常重要的作用，能够对学生的数学学习成效进行有效反馈。

例如，在教学完"二元一次方程组"之后，对学生的数学学习展开测评时，需要结合大数据分析，发现学生普遍存在的问题，与传统的试卷分析相较而言，这一方式更突出了针对性。课堂教学时，教师需要根据分析结果，整理和归纳需要解决的问题，做到有的放矢，合理安排。此外，还可以借助部分基础习题进行巩固，基于复杂习题进行提高。如可以设计这样的测评题：①环保组这周的主要任务是收集废电池，周一收集 1 号电池 4 节、5 号电池 5 节，总重量为 460 克；周二收集 1 号电池 2 节、5 号电池 3 节，总重量为 240 克，

求 1 号电池和 5 号电池各自的重量。②某商店准备推广甲、乙两件服装,甲服装以 50% 的利润进行定价,乙服装以 40% 的利润进行定价。实际出售过程中,两件衣服均以九折出售,合计获利 157 元,求两件服装各自的成本。完成练习之后,还可以利用大数据为学生创建能够连接课上课后的学习链,在课后为学生布置具有针对性的辅助练习,强化每一个学生的薄弱之处,立足于层次,全面提升学生整体学习水平。

总而言之,在核心素养理念下,初中数学教学切不可沿袭教师的传统教学经验以及思维观念,而应当聚焦精准化,不仅要准确把握初中数学这门学科的典型特征,也要制定与学生学情以及实际学习需求相匹配的教学内容,创设丰富的实践活动,还要充分利用大数据精准把握每一个学生的学习情况,了解其存在的问题,就此才能展开精准化教学。除此之外,教师需要充分了解学生的课后作业情况,提出具有针对性的提升要求及改善意见

第六章　初中数学教学实施中的创新实践

第一节　初中数学教学实施中创新思维培养

创新人才是指具有创新意识与创新思维、能力的人才，而其核心在于创新思维。在创新人才的培养中，创新意识具有非常重要的意义，是实现创造发明的前提与动力，而创新思维则是创新意识与创新能力的基础。

一、初中数学培养学生创新思维的教学模式

"教学模式是在长期教学实践中不断总结与改进形成的，能够对教学实践起着导作用，对教学质量有着很大影响"①。在初中数学课堂教学中，培养学生创新思维的教学模式可以总结为四种形式，具体如下：

第一，学生自学、教师辅导教学模式。学生自学、教师辅导的教学模式集中体现了学生的主体地位，教学目的在于培养学生的学习能力以及适应社会的能力。在该教学模式下，能使学生了解新知识，并掌握自主学习的方法，提升自身的数学学习能力。

第二，互动、探究与创新教学模式。互动、探究与创新的教学模式则是让学生进行自身适合的教学活动，从而在活动中培养对数学的认识、理解，加深对数学的热爱，培养对数学学习的兴趣。通过这种活动式的教学，使学生的想象力与思维能力得到激活，有利于对学生创新思维与能力的培养。

第三，实验式教学模式。实验式教学模式适合于数学教学的部分内容，这类知识的教学以发现式来解决问题，让学生主动参与到问题的解决中来，实现对知识形成、问题解决等进行探索。

第四，多媒体教学模式。多媒体教学模式下，可以通过实验演示、动画模拟、音频与视频资料等创造生动的情境，并向学生提供学习材料与方法，学生能够实现启发，找寻到尽可能多的解决办法，达到培养创新思维的目的。

二、初中数学培养学生创新思维的教学方法

（一）营造课堂教学的创新氛围，激发学生的创新意识

在初中数学课堂教学中，学生多还处于被动灌输的层面，教学模式单一，多为教师讲、

① 盛桂君．初中数学课堂教学中对学生创新思维的培养［J］. 新课程（中），2015（3）：56.

学生听的模式，这不仅无法激发学生对数学学习的兴趣和创新欲望，同时还会让学生产生压抑、不满等情绪。因此，在初中数学课堂教学中，教师需要具有新的教育观念，对情境进行创设，营造良好的课堂氛围，使课堂变得活跃，帮助学生对问题的多元答案进行探索，从而逐渐培养学生的创新意识。

（二）创设数学课堂的问题情境，引发学生的创新思维

数学教学需要从学生实际出发进行有利的问题情境创设，这是课程的标准。问题情境创设即是通过教材内容与学生求知心理之间"不协调"的创造，从而将学生引入创设的具有探索性、趣味性与适应性的问题情境中，从而激发学生的学习兴趣，培养学生的求知欲，引导学生进行思考与探索，从而使学生的思维得到创新。

（三）设置多种类型的课堂问题，培养学生的创新思维

置疑是创新的起点，问题的提出比问题的解答更加重要。在初中数学课堂教学中，教师提出问题的角度、层次与要求等对学生思维的培养有着重要的影响。因此初中数学教师需要根据学生的实际情况并结合教材内容提出不同的问题，在学生实际认知水平上进行问题多种类型设置，从而尽可能地让学生进行问题的探究，进行多元的求解，培养学生思维的类比思想、求同能力，同时促进学生思维的开阔性、灵活性、独创性发展以及思维发散能力的提升。

数学教育是帮助人类理解社会与自然，并实现社会，增进社会发展的一项活动，因此数学教育的最高追求则是创新思维与创新精神的培养。初中数学课堂教学中，教师应具备较强的创新意识，并以培养学生的创新思维、创新意识和创新能力为目标，对有利于初中学生创新思维能力培养的途径进行探索，在课堂中实现对学生创新思维的培养，从而培养出具有创新能力的人才。

第二节　初中数学有效性教学的实施与实践

有效性是教育和教学改革的共同追求，有效性是指一件物品或一项活动具有预期所要达到的积极的或肯定的结果和程度"，当然"效"有大有小，获得的"效"所付出的代价也有大有小，当付出的代价小而获得的"效"较大时，我们就说"有效"，反之，我们就说其"低效"或"无效"。

一、初中数学有效性教学的特征分析

初中数学课堂教学有效性的特征表现在以下三个方面：

（一）效果与效率的统一

数学课堂教学有效性并不是指在一节 40 分钟的数学课堂里，数学教师传授了多少数学知识，而是指学生在数学教师的引导下主动获得了多少数学知识，在问题解决、数学思考上获得多大的发展，情感态度上有怎么样的体验。因此，初中数学课堂教学有效性不仅指数学成绩好的学生感到有效，而且在对数学成绩差的学生考量时，他们也会感觉到有效。提高效率是一切管理工作的目标，同样课堂教学工作也讲究效率。

同样好的课堂教学效果，所花费的时间少，数学教师和学生的负担轻，这就是高效率；如果花费的时间多，数学教师和学生负担重，那就是低效率。在目前的数学课堂教学中，存在着数学教师不重视课堂教学效率的现象，这些教师总是延长学生的数学学习时间，增加了学生的学习负担，最后学生成绩可能提高了，升学率也上升了，但是这牺牲了学生的身心健康，是不可取的，更是一种低效的表现。

（二）过程与结果的统一

从数学教学的角度看，重结论、轻过程的数学教学是一种"捷径教学"，把形成结论的生动过程变成了呆板的死记硬背，这样的数学课堂教学过程，只是在让学生听讲和记忆数学概念、定理、公式等，长此以往，学生就会觉得学数学很枯燥无味，而且很难学，学数学就只是做题，造成学生不会提问，只会"认真听讲"和记忆，这实际上是对学生智慧的抹杀。初中的数学虽然没有高中的数学那样抽象概括，但作为衔接小学数学和高中数学的初中数学，较同阶段的其他学科更为抽象些，研究方法也是很抽象，加大了初中生学习数学的难度。正是因为这样，要想提高数学课堂教学有效性，必须要注重过程，例如理解一个数学概念是怎样形成的，一个数学公式是怎样获得和应用的，通过这样的学习过程，使学生感受到探索的神秘性和乐趣性，增强他们学好数学的信心，当然在这个探索的过程中，学生可能会面临失败、困惑、挫折，这也是学生学习、成长所必须经历的。

（三）学生发展与教师发展的统一

数学学科在培养和完善人的方面上，具有别的学科不能替代的作用，数学学习不仅仅是数学知识的学习，还应该是数学的思想、本质和价值的学习。在数学课堂学习过程中，我们的学生不能仅仅停留在记住某些数学结论的阶段，初中的数学学习特点决定了初中的学习方式，不可能是单纯的数学知识记忆。在数学课堂学习过程中，学生通过数学知识与技能的学习和掌握，感悟数学的思考形式；经历数学公式的推理过程，养成理性的思维；通过解决挑战性的数学问题，形成不怕困难、锲而不舍的数学学习意志，从而促进学生全面的发展。

初中数学新课程标准的理念之一就是以学生为本，同时这个理念也为教师的成长和发展提供了一个平台和机会。数学教师不断提高自己的数学修养，自觉转变自己的教学观念，及时地调整自己的教学方法以达到最佳的课堂教学效果，因此，这对于教师来说，既是一个挑战，又是一个专业发展的过程，真正的有效数学课堂不仅仅是学生获得了发展，教师也得到了提升，从而实现了真正意义上的教学相长。因此，真正有效的数学课堂教学，既能促进学生发展，也能促进教师自我成长。

二、初中数学有效性教学的实施策略

如何使初中数学课堂真正地动起来，给自己的学生创造一片翱翔的蓝天，让学生放松、自如地学到真正的数学知识，达到有效教学，这是新课改背景下的每一位数学老师必须认真探讨的问题。

（一）巧设情境，积极营造浓厚的数学氛围

现代教育学认为，课堂教学除知识对流的主线外，还有一条情感对流的主线，即通过不断创设问题情境，激励学生主动参与教学过程。教师作为课堂教学的组织者和实施者，就应当想方设法、巧妙地使学生产生学习的愿望，而创设问题情境是向学生提供满足他们的愿望的办法。

例如，在讲一元一次方程应用题利润率问题时，老师问："你想盈利吗？"同学们顿时活跃起来。"那你有什么盈利的方法？"学生个个跃跃欲试：打折、提高售价……老师又问："降价打折或提高售价是否一定盈利？为获得最大利润，怎样掌握降价和提价的尺度？"随后先分析出关系式，然后给出例题，引导学生寻找答案。教师通过创设问题情境，唤起学生创新意识。又如，在学习几何图形时，可联系王维的"大漠孤烟直，长河落日圆"这一千古名句，通过形象思维，用诗歌意境表示几何问题。在课堂教学中随时体现，设计一些复杂多变的问题，让学生自己判断来加以解决，或用辩论形式训练学生的判断能力，使学生思维更具流畅性和敏捷性，发表具有个性的见解。

在课堂教学过程中，教师在每堂课里都要进行各种总结，也必须有意识地让学生总结。总结能力是一种综合素质的体现，培养学生的总结能力，即锻炼学生集中思维的能力，这与培养学生的求异思维是相辅相成的。集中思维使学生准确、灵活地掌握各种知识，将它们概括和提取为自己的观点，作为求异思维的基础，保障了求异思维的广度、新颖度和科学性。

（二）激发兴趣，充分调动学生主观能动性

浓厚的学习兴趣可使大脑处于最活跃状态，可增强人的观察力、注意力、记忆力和思维力。在教学中可结合课本内容适当介绍一些古今中外数学史或有趣的数学知识，激发学生的进取意识和求知欲，注意教学内容的趣味性，探索性和应用性。

例如，讲列方程解应用题时讲一讲古希腊数学家刁番都的故事。讲矩形时，自制平行四边形教具，利用平行四边形的不稳定性，将一个平行四边形变成有一个直角的平行四边形。通过演示观察，提出如下问题，让学生讨论、探索：在四边边长不变的情况下，平行四边形在变动中会成为一个怎样的图形？平行四边形的什么发生了变化？（角）什么没有变化？（边）矩形的定义是什么？它是什么四边形的特殊的一种？除具有什么图形性质外，还具有怎样的特殊性质？用一连串问题激发学生主动去思考和探索。

数学具有很强的知识性，但不缺乏趣味性。在素质教育的今天，在新课改的背景下，解决数学知识的抽象性与初中生思维的形象性的矛盾的最好方法就是：在教学中努力做到活泼多样、动静结合，激发学生学习数学的兴趣，使学生随时随地乐意学习数学。

（三）手脑并用，培养数学思维和操作能力

现在的初中生动手能力较差，这给数学的学习带来了障碍。在教学中教师要根据学生的思维特点处理好形象与抽象的关系，通过摆一摆、拼一拼、量一量、做一做，用眼看一看、用心想一想的操作，使学生在动手、动脑、动口的实践活动中，在感知认识的基础上发展思维，迸发创造性思维的火花，由想动口发展到想动手，而动口和动手都是促使学生动脑的最好途径。

例如，在讲三角形内角和定理时，让每一个学生先准备好一个硬纸做的三角形，在课堂上让同学们把这个三角形的两个角剪下来，再和第三个角拼在一起，就成为一个平角。这样让学生动手操作，在完成操作过程中将直觉思维上升到抽象思维，就能很快地找到定理的证明思路。在讲两圆的位置关系时，利用直观教具，用运动的方式，让学生看到两圆外离—外切—相交—内切—内含的变化过程，从而归纳出两圆之间的五种位置关系，增强了直观性。在研究三角形全等的判定方法时，指导学生动手画图实验，分别剪两个有两边夹角、两角夹边、三边对应相等的三角形，通过比较，启发学生自己总结出判定定理。通过让学生多参加实践活动，实物在手，看得见，摸得着，又动手又动脑，对它们的特征记忆深刻，既活跃了课堂气氛，又开拓了学生的思维。

（四）变化题目，激发学生学习的创新潜能

进行一题多变，提出变式问题。一题多变对激发学生的创造性思维并对数学产生浓厚的学习兴趣将起到其他方法所不能替代的作用。变化深化题目，让学生参与创造和加工解答过的题目，在保持原题模型的情况下，打出多项新的发散点，变换形式地进行发散思维。

例如，经过点 A（2，2）的函数有哪些？既可以写一次函数、反比例函数，也可以写一些二次函数，答案很多。通过变式深化题目，能充分激发学生思维的灵活性。改造的表现形式主要有题型变式、条件结论变式等。在课堂教学中还可把数学与其他学科互相沟通，数学本身中的代数解法与几何解法、三角解法相互沟通。

又如，一个正方体，切去一个角，还剩几个角？变式切法，就会有不同的答案，7、8、9或10个角都有可能。凡此种种方法的应用应立足于一个"活"字，落实到一个"创"字，就是把学生的思维搞活，对学生进行立体发散思维训练，引导学生跳出题海，激发学生创新的潜能，培养学生敢于创新、勇于创新的优秀品质，提高学生的解题应变能力。

（五）转换角色，鼓励学习数学的主体意识

新课程改革强调的是一种互动的师生关系，即"学生倾听教师"转换为"教师倾听学生"。教师应该关注学生在课堂上所表现出来的积极性、自觉性、能动性，支持和引导学生自主、自立以及强烈的"我要学""我能学"和"我是学习过程的主人"等主体意识。

例如，在学"一元一次不等式的解法"这一课时，教师可以把上课教学的权力交给同学们，由各学习小组研究学习的方法，各组之间探讨最佳的教法，然后，推选出一名同学给同学们上这节课。最后，让学生做与例题类似的习题后，发现学生只在"去分母"和"系数化为1"时出差错，就只强调这两步。第一步：去分母时，不要漏乘不含分母的项；第二步：系数化为1时，未知数系数是负数时，不等号方向要改变。其余几步均由学生自主解决。这样，同学们通过讨论和研究对知识有了进一步的了解，在老师加以点拨之后，既巩固了知识，又培养了大胆创新的精神。

数学教育任重而道远，作为数学教师，我们必须尽快转变思想观念，努力树立课堂教学的新理念。把课堂教学从传统的只重认知学习转变到以培养学生创新精神和实践能力为重点的目标上来，使学生学会生活、学会学习、学会创新。

（六）自主探究，需将开放题引入数学课堂

开放式教学是当今教学研究的一个热点，因它与传统教学相比更追求学生能力的提升，更重视学生思维过程，有利于学生创新精神和能力的培养。开放式教学以"开放题"为载体去实现开放。在数学课堂教学中，教师可将一些常规性题目改为开放题。

例如：在学习等腰三角形性质时，教师编了这样一道题：在△ABC中，AB=AC，O是△ABC内一点，且OB=OC，联结OA并延长交BC于D，问：能够得出哪些结论？将这样具有发散性和发展性的"开放题"引入数学课堂，通过发展训练，可以培养学生思维的灵活性与创造性，同时也给予了学生主动探究、自主学习的空间。

总而言之，在新课改的背景下，数学教师要给自己的学生创造一片数学的蓝天，充分发挥课堂教学有效性，让初中数学课堂教学充满生命的活力，鼓励学生发现数学的奥秘，让他们触摸到数学，尝试到学习数学的乐趣，真正培养学生探究意识、创新精神和实践能力，从而培养出真正适应社会需要的人才。

三、初中数学有效性教学的实践阶段

在目前基础教育课程改革的背景下，分析和探讨教学行为的有效性以促进具体的数学教学就显得尤为重要。教学作为一种有明确目的的认知活动，其有效性是教育工作者所共同追求的。有效教学是教师在达成教学目标和满足学生发展需要方面都很成功的教学行为，它是教学的社会价值和个体价值的双重体现。"数学是人们对客观世界定性把握和定量刻画、逐渐抽象、形成方法和理论，并进行广泛应用的过程"①。义务教育阶段的数学课程，其基本出发点是促进学生全面、持续、和谐地发展。它不仅要考虑数学自身的特点，更应该遵循学生学习数学的心理规律，强调从学生已有的生活经验出发，让学生亲身经历将实际问题抽象成数学模型并进行解释与应用的过程，进而使学生获得对数学理解的同时，在思维能力、情感态度与价值观等多方面得到进步和发展。

（一）初中数学有效性教学的准备阶段

教师若能设置具有启发性或者趣味性的问题或故事，开讲时就创设悬念，学生就会被激起求知欲望，从而创造良好的学习氛围，为授课的成功奠定良好的基础。导入的好坏对一堂课的成功与否往往有着重大的影响。教师应该用最精练的语言，以最短的时间，选用最有效的方法，把学生的情绪调整到最佳的学习状态。这一环节也是学生认知过程的心理需要。在教学活动开始之际，学生普遍存在上好课的心理，但是这样的时间既强烈也短暂，利用这样的机会帮助学生尽早进入上课的状态很有必要。

例如，在讲授"数轴"概念这章节内容时，注意到数轴对于初一学生是一个完全陌生的概念，如果突然引入会让学生无法理解，于是用了一个生活中经常能见到的温度计来引入。一来温度计的形象和数轴有很大的相似之处，学生能从熟悉的温度计的正负刻度自然过渡到数轴的三要素：原点、正方向、单位长度。二来通过温度计联想到刻度尺进而发问"为什么刻度尺没有负值"，从而进一步引出绝对值的概念。这个引入看似简单，但实际用意很深，同时也利于学生接受，在教学中也确实收到了良好的效果。

不同的数学内容需要设置不同的教学情境，在课堂教学中教师应选择相对学生最为直接、易于接受的情境，为学生搭建一个良好的学习平台，引导学生参与探究问题的过程，让学生感悟和掌握数学的思维方法和策略，促进数学的学习。

（二）初中数学有效性教学的实施阶段

1. 教学方式适当，培养学生能力

新课程的实施带来了课堂教学的众多变化，它强调教学过程是师生交往，共同探讨的互动过程。师生共同交流活动已成为课堂教学的主流，于是课堂越来越多地出现了合作学

① 孙桂瑾. 初中数学教学设计与方法 [M]. 汕头：汕头大学出版社，2018：106.

习的局面，似乎所有老师的公开课上都得出现小组合作这一环节，否则就是有缺憾的。但小组合作也要运用到适当的时间内，例如我们在进行"一次函数图像"性质教学时，就没有必要加入小组合作，因为这部分内容更强调自我对图像的探索和挖掘。单纯的小组合作仅仅让学生的讨论流于形式，起不到深入研究培养探索性的目的。

2. 提问准确高效，开拓学生思维

数学的过程本身可以看成是提出问题和解决问题的过程，提出问题不仅是解决问题的基础，而且解决问题本身就是通过不断提出问题的过程组成的。数学教学尤其是课堂教学就应该是以解决问题为核心展开的教学，是师生双方共同设疑、质疑、释疑的过程。课堂提问则是数学课堂教学展开的重要形式，是思维训练的必要手段。

提问要具有准确性和高效性。教师提问时要准确、具体，不要模棱两可，更不能出现歧义，同时问题本身也要是高效的；不能过难，不能超出学生的能力范围，使得学生不会回答；不能太容易，如果问题的答案仅仅用"是"或"否"就可以表达，那学生的思维过程就大打折扣。提问刚起步时要给予宽广的范围，让学生能够充分拓展思路，当教师期望学生能够回答得更准确时就可以把问题的宽度变窄，让学生针对性更强地回答问题。另外教师在提问时要注意语言动作神态的亲切，给予学生充分的鼓励。

例如，在"一次函数的应用"这节内容引入时"一辆汽车在普通公路上行驶 35 千米后，驶入高速公路，然后以 105 千米每小时的速度匀速前进。当这辆车的里程表显示本次出行行驶了 175 千米时，自动说出在高速公路行驶了多少时间？"当出现这个问题时绝大多数学生会想到用算术方法，如果这样就很难与本节课的课题相联系，于是增加"这里什么是不变的量""高速公路行驶的路程和行驶时间之间有怎样的关系""如何列出关于高速公路行驶的路程和行驶时间的关系式"这样的提问让目标更加明确，针对性也更强。

3. 练习优化多样，提升整体效果

优化练习设计，提高学习效率，让数学练习真正发挥作用，从而促进学生知识和能力增长就显得尤为重要。设计时注重教学内容的拓展和在知识体系中的承前启后的作用，适当安排"一题多解"的习题，有计划地安排一些开放题，拓展学生的解题思路，提高运用知识的能力。同时注意练习的多样化，可以采用个别问答、抢答，小组竞赛的方式调动积极性。在进行练习设计时考虑到不同层次学生的情况，进行分层次作业或弹性作业，在练习数量和质量上，给学生机动空间。

（三）初中数学有效性教学的评价阶段

作为教师要让自己的教学具有高效性，就得转变观念，将评价看成两个层面：一方面，教师对学生的评价，在新课程标准中，提倡将老师对学生的评价从"甄别"走向"发展"，

可以采用记录学生各种进步，反映学生参与课堂教学过程和解决问题的思考过程的"档案袋评价"等；另一方面，学生对教师的评价，要及时听取学生对教师课堂效果的评价，不断改进教学方法，这样才能真正做到教学相长，实现教学的高效。

第三节　初中数学教学中智慧课堂创新构建

随着"互联网+"发展计划的提出，随着5G、人工智能、大数据、云计以及AR/VR等技术的快速发展，随着移动学习终端设备在教育领域的应用和推广，智慧课堂的构建逐渐成为教育领域的重要课题。在初中数学课程改革中，教师利用现代信息技术构建智慧课堂，毫无疑问会打破传统课堂教学模式在时空上的局限，对教学实践带来深层次、大规模，甚至是革命性的改变。

智慧课堂是课堂教学的一种高级形式，它是依托于网络技术和云平台所构建的智慧教学系统，也是近年来大多数教师所采取的教学方式。相较于传统课堂，智慧课堂的特点主要体现在以下方面：聚焦难点并整合资源进行集中突破，能够有效解决教学问题；能够动态捕捉学生的学习结果和学习方式的数据，教师通过网络技术掌握学生的学习情况，构建掌握学生学习情况的体系，并且建立学习画像，实现准确教学，然后根据整体和个别学生的学习情况，进行教学方法的选择和改进，根据具体情况制订具体教学方案；在既能够帮助教师节省教学时间，提高教学效率的同时帮助学生提高理解所学知识的能力，形成体验式课堂。综合智慧课堂的优势以及当前初中数学课堂教学中存在的问题，教师可以依托现代教育技术，从课前、课中以及课后三个环节对智慧课堂进行构建。

一、课前精心备课，指导学生自主预习

课前预习是师生共同准备教学的重要环节，高效的课前预习对提高课堂教学质量有着重要的作用。"在智慧课堂中，数学教师要针对课前预习这一环节进行有效的改革和创新，通过运用先进的教学技术和手段，强化对学生课前预习的指导，提高学生课前预习的质量"[1]。在课前预习阶段，师生的任务有着明确的分工，数学教师的职责是为学生推送预习资料，并通过学生自主学习的情况来了解学生对知识的掌握情况，为课堂教学提供信息依据。师生在课前通过线上互动能够充分发挥各自的价值。教师根据学生的情况以及课程实践需要整体设计教学方案，准备课堂教学材料，打好课前学习基础。学生根据教师提出的预习要求进行自主学习，将不懂的、不会的地方进行记录和反馈，提醒教师在进行教学时着重讲解。

例如，在对学生讲述"二元一次方程组"知识点的时候，教师首先得让学生明确预习

---

① 赵水琴.初中数学教学构建智慧课堂的方法探讨[J].数学学习与研究，2022（3）：141.

阶段的学习目标，将学习目标进行细化，并上传到学习平台，供学生参考，让学生在预习阶段初步掌握二元一次方程组的解法，明白变量代换和换未知为已知的数学思想方法，使学生的课前预习更有方向性，提升线上学习的积极性。然后，教师利用专门的智慧课堂软件，找到课堂活动模板，根据课程目标要求以及学生的兴趣偏好制作课件。在制作课件时，教师可以从题库中选择我国经典数学著作《孙子算经》中"鸡兔同笼"的问题"今有鸡兔同笼，上有三十五头，下有九十四足，问鸡兔各几何。"引导学生复习一元一次方程，为学生更好地理解代入消元法奠定基础。接下来，教师可以从新的角度为学生提供解题思路，引入二元一次方程组，而为了让不同层次的学生能够获得个性化的学习资料，教师可以开展分层教学。

教师要求数学基础较好、学习能力较强的学生尝试根据一元一次方程的启发给出答案；对于基础较差、学习能力不足的学生则给出讲解资料，学生一键点击就可以调到讲解界面，为学生细致呈现代入消元法解二元一次方程组的过程。最后，教师通过学生反馈的问题进行统计，从而实时获得学生学习过程中的具体数据，精准掌握每个学生的学习进度和知识掌握情况，以此优化课堂教学设计，达到以学定教的目的。

在此过程中，为了提高学生课前预习的效率，教师可以让学生利用通信软件组建学习小组，在小组合作中高质量地完成课前预习。因为学生单独完成课前预习不仅耗时较长，还会存在无法完成预习任务的情况，而且学生单独预习的氛围也相对枯燥，没有同学与教师的共同互动会严重降低学生的预习效率。所以，数学教师可以结合小组合作预习的需求，给学生设置预习任务，学生通过对任务的交流与探讨来实现对旧知识的巩固和新知识的预习，为课堂教学做好充足的准备。

二、课堂精彩呈现，实现数学高效教学互动

在智慧课堂中，课堂教学的关键在于教学之间的互动。教师在这一环节的主要任务是利用教师端授课，引导全员互动，实时获取答题数据。学生的主要任务是在学生端与学习资料进行互动，通过自主思考表达自己的观点；与教师进行互动，在教师的组织下参与小组合作，与学生进行互动。在互动的过程中，教师需要注意自身引导者与辅助者的身份，重点是要引导学生积极地进行思考和互动，而不是让学生按照自己的思维方式进行思考，不要对学生进行太大的限制，这样不利于学生的发展。因此，教师需要合理运用先进的教学手段对课堂教学过程进行设计，这样的教学设计打破了传统课堂在时空上的限制，让彼此之间的互动更加便捷、高效，人机互动、师生互动、小组合作等形式提高了课堂上的信息流动，提高了教师指导的准确度，激发了学生自主学习的热情，同时形成了课堂教学数据。

例如，在进行"解二元一次方程组"的课程教学中，教师可以让学生展示自己课前预习所学习到的知识，如果是小组合作预习，可以让小组派一名负责人进行学习成果汇报，

当一个小组完成阐述与分享之后，教师可以鼓励其他小组进行补充，或者发表不同意见。如果学生的学习成果中存在问题，教师也不要采取直接否定的方式，而是要采用引导其他学生进行思考并交流自己不同看法，引导课堂教学中的有效互动。最终，数学教师根据学生课前预习情况，了解了学生对代入消元法的掌握程度，并结合具体情况为学生设计相对简单的题目。教师通过答题引导全员互动，调动学生的整体性参与，同时根据答题结果的实时反馈，进一步了解学生对代入消元法的掌握情况针对学生答题中存在的问题提供针对性的讲解。

接下来，为组织学生在线合作学习，教师可以为学生推送互动课件，其中包括典型的二元一次方程组的解答过程，教师要求学生通过合作交流总结、归纳代入消元法的基本解题思路，有的小组总结道：第一步，将某一方程式中的未知参数用另一个未知参数进行表达；第二步，结合题中已经给出的第二个方程式，将未知参数进行消除，从而使原方程式变成一个简单的一元一次方程；第三步，利用所学知识解出一元一次方程中的未知参数，再将未知参数带入原方程组解出第二个未知数；第四步，回代检验。学生将答案推送给教师，教师根据各组学生的总结情况继续梳理，引导学生深入理解代入消元法中蕴含的转化思想。当然，这一过程会存在部分学生总结的解题思路不准确的情况，教师可以让这部分学生根据自己总结出来的解题思路进行解题，学生在实际解题过程中，通过彼此之间的交流以及教师的指导，能够自主发现存在的问题，进而对自己所总结的解题思路进行优化和调整，这样不仅能够提高教师教学的效率和质量，还能够帮助学生加深记忆和提高运用能力。

此外，教师还需要利用平台对学生的个性化学习过程进行统一管控，对学生注意力不集中、偏离学习主题、登录其他无关网站等情况进行控制，采用有效的管理方法和手段，提高智慧课堂的管理质量，为学生营造纯净、高效的课堂学习环境，并收集课堂学习数据。

三、课后全面分析，强化数学知识巩固吸收

课后指导是帮助学生巩固知识学习，促进学生内化吸收的主要环节。在以往的初中数学教学中，学生的课后知识巩固通常情况下都是教师给学生布置相应的课后作业，虽然也能起到一定的知识巩固效果，但是无法有针对性地给学生进行全面指导，学生的课后知识巩固效果不够理想。在智慧课堂上，教师可以利用平台整合课前、课堂学习数据，并根据数据给出的分析结果对学生进行准确定位，结合不同学生的实际学习情况，对班级的学生进行分层，然后在分层下发资源，不同层级的学生可以有针对性地选择对应的学习资源，从而在自身学习基础上有所提升，保障了学生的学习质量，也提高了学生学习的自信心，在此过程中，数学教师需要实时掌握学生的复习数据，而学生则通过在线答题进行在线反馈，提高学生课后自主学习的效率，帮助学生养成良好的学习习惯，使学生能够主动利用在线课程资源查缺补漏，强化知识吸收。

例如，在"解二元一次方程组"的课后指导中，教师通过数据分析，发现一些学生在解答未知数系数不是 1 的方程组的出错率较高，教师通过智能分析可以准确地解析出学生出错的原因，了解学生对于哪些知识掌握的还不够扎实，教师再根据错题智能匹配相似题，为这些学生提供针对性的习题，引导学生补齐知识遗漏点。学生根据教师提供的课后习题进行在线作答，并对其中存在的问题进行在线提问，这时人工智能助教则会为学生提供习题讲解，弥补教师不能及时辅导学习的缺陷，从而让学生实现个性化学习，更好地掌握二元一次方程组的解答难点。对于一些问题人工智能不能给予准确的解答，学生还可以直接在线咨询教师，或者与其他学生进行探讨，在相互帮助、共同探讨的过程中使学生学习中的问题得到解决。

教师为了让学生在课后学习中获得更加丰富的学习资源，可以利用专门的软件对课堂教学进行实时录制，形成微课，并对知识点进行标记，体现学生在解答二元一次方程组时的易错点。学生在课后学习中可以通过观看微课进行针对性练习，对知识点进行重点把握，从而提高课后的学习效率。课堂录制可以有效解决学生课堂教学中对知识吸收有限的问题，学生可以针对课堂教学中没有听懂或者因种种原因没听见的部分内容，进行反复观看，进一步提升课堂教学的质量。最后，教师可以利用学生全过程的学习数据形成多维度学情分析，从而全面把握学情，制订更加精准的教学方案。课后知识巩固的过程也是学生对之前学习过程的反思与总结，教师也可以鼓励学生针对学习过程提出相应的意见，为初中数学教学方法的优化和改革提供有效参考。

总而言之，在现代教育技术的支持下，智慧课堂的构建已经成为教育改革的重要趋势。当前初中数学课堂教学实践中传统课堂的影响依然根深蒂固，而要想形成智慧课堂，教师应该从课前、课中以及课后三个环节入手，加强教学组织与安排，让师生依托教育平台与信息技术，能够实现精准、高效的互动交流，这样才能提高智慧课堂的构建速度，推动初中数学课程的信息化改革。

附录

一、基础性作业

1. 正常人行走时的步长大约是（　　）。

A.0.5cm　　　　　　B.5m　　　　　　C.50m　　　　　　D.50cm

2.2021 年秋季开学阶段，晋江某学校根据疫情防控需要，对于一名流感症状学生进行隔离并安排护士检测其体温 . 如图是护士统计的该生一天的体温变化图，这位学生在 16 时的体温约是（　　）。

A.37.8℃　　　　　　B.38℃　　　　　　C.38.7℃　　　　　　D.39.3℃

3. 下列正确的是（　　）。

A.0 最小的正整数　　　　　　　　　　B.0 是最小的有理数

C.0 不是负数　　　　　　　　　　　　D.0 既是非正数，也是非负数

4. 购买 1 个单价为 a 元 / 个的面包和 3 瓶单价为 b 元 / 瓶的饮料，应付钱数为（　　）。

A.$(a+b)$ 元　　　　B.$3(a+b)$ 元　　　　C.$(3a+b)$ 元　　　　D.$(a+3b)$ 元

5. 买一个足球需要 m 元，买一个篮球需要 n 元，则买 4 个足球、7 个篮球共需要（　　）。

A.$(4m+7n)$ 元　　B.$28mn$ 元　　C.$(7m+4n)$ 元　　D.$11mn$ 元

6. 如果 a^2=25，那么 a=（　　）。

A. ± 5　　　　　　B. ± 25　　　　　　C.25　　　　　　D.5

7. 计算 $(a^2b)^3$ 的正确结果是（　　）。

A.a^5b^3　　　　　　B.a^2b^3　　　　　　C.a^6b^3　　　　　　D.a^6b

8. 下列四组线段中，可以构成直角三角形的是（　　）。

A.1.5，2，2.5　　B.4，5，6　　C.2，3，4　　D.1，$\sqrt{3}$，3

9. 若 $(x+y+3)^2 + \sqrt{2x+y} = 0$，则 $x+y$ 的值为（　　）。

A.0　　　　　　B.–1　　　　　　C.1　　　　　　D.2

10. 下列事件中，是必然事件的为（　　）。

A. 任意买张电影票，座位号是 3 的倍数

B. 从一个只有白球的盒子里摸出一个球是白球

C. 汽车经过一个红绿灯路口时，前方正好是绿灯

D. 掷一枚质地均匀的硬币，正面向上

二、拓展性作业

1. 当 $x=$（　　）时，式子 $|x-1|+2$ 取最小值。

A.0　　　　　　B.1　　　　　　C.2　　　　　　D.3

2. 观察下列等式：$9-1=8$，$16-4=12$，$25-9=16$，$36-16=20$，……这些算式反映了自然数的某种规律，设 n 是正整数，请你用含 n 的等式表示出你发现的规律。

3. 知 $x=1-2a$，$y=3a-4$，

(1) 若 x 的算术平方根为 3，求 a 的值；

(2) 如果一个正数的平方根分别为 x，y，求这个正数。

4. 已知 $16^m=4 \times 2^{2n-2}$，$27^n=9 \times 3^m+3$，求 m，n 的值。

5. 在一次体育测试中，10 名女生在一分钟内完成仰卧起坐的个数如下：43，47，42，41，45，45，46，45，40，44. 则这次体育测试中仰卧起坐个数不小于 45 个女生的频率为（　　）。

A.5　　　　　　B.2　　　　　　C.50%　　　　　　D.20%

参考文献

[1] 白春阳. 初中数学序言课教学现状及其改进 [J]. 教学与管理（中学版），2017（7）：65-67.

[2] 陈沫. 初中数学课堂教学目标设计的思考 [J]. 中学数学教学参考，2022（26）：72-75.

[3] 陈岩. 探析支架式教学模式在初中数学教学中的应用 [J]. 理科考试研究，2016，23（20）：54.

[4] 陈兆国. 核心素养视域下初中数学教学研究 [M]. 沈阳：辽海出版社，2019.

[5] 高峰官. 学习评价问题诊断与解决. 初中数学 [M]. 长春：东北师范大学出版社，2015.

[6] 顾继玲，章飞. 初中数学单元复习课教学设计的特征分析 [J]. 数学通报，2021，60（7）：31-36，41.

[7] 管彦民，张世相. 初中数学教学设计中应用差异教育的研究 [J]. 现代中小学教育，2016，32（2）：54-56.

[8] 韩炳秀. 核心素养下的课堂教学 [M]. 青岛：青岛海洋大学出版社，2018.

[9] 何静，严皓. 初中数学单元作业设计的问题、原则与策略 [J]. 教育理论与实践，2022，42（32）：53-55.

[10] 何丽华. 初中数学单元教学的基本课型设计 [J]. 教学与管理（中学版），2021（5）：41-43.

[11] 孔垂斌. 初中数学教学设计中应用差异教育的实践 [J]. 学周刊，2021，No.473（17）：89.

[12] 李文茸. 聚焦学科核心素养的课堂教学 [M]. 上海：华东师范大学出版社，2018.

[13] 李延亮. 初中数学课程与教学的实践研究 [M]. 青岛：中国海洋大学出版社，2015.

[14] 李琰. 数形结合思想在初中数学习题教学中的实践与思考 [J]. 现代中小学教育，2022，38（5）：38-42.

[15] 刘亚群. 浅析初中数学活动教学 [J]. 数理化解题研究，2019（26）：28.

[16] 刘岳，康翠. 初中数学简约课堂教学的探索与实践 [J]. 教学与管理（中学版），2015（9）：41-44.

[17] 卢小强. 初中数学微课的教学设计策略 [J]. 试题与研究，2018（26）：141.

[18] 陆剑雪. 开拓思路一题多解——谈初中数学教学的微型设计 [J]. 教学月刊（中学版），2013（23）：70-72.

[19] 罗新兵，李三平. 中学数学教师教学技能 [M]. 西安：陕西师范大学出版社，2012.

[20] 潘金城，王华. "情境-问题" 视角下初中数学单元整体教学建构 [J]. 教学与管理（中学版），2022（5）：41-44.

[21] 潘振华. 初中数学学科教育 [M]. 北京：教育科学出版社，2016.

[22] 盛桂君. 初中数学课堂教学中对学生创新思维的培养 [J]. 新课程（中），2015（3）：56.

[23] 孙朝仁，朱桂凤. 初中数学 "二次变式" 的设计、实践与思考 [J]. 教学与管理（中学版），2022（12）：51-55.

[24] 孙桂瑾. 初中数学教学设计与方法 [M]. 汕头：汕头大学出版社，2018.

[25] 孙凯. 初中数学建模活动的内容设计与组织原则 [J]. 教学与管理（中学版），2021（8）：46-48.

[26] 唐近凤. 初中数学教学实施精准教学 "四策略" [J]. 数学教学通讯，2020（26）：70.

[27] 王大前. 论 "以学定教" 对初中数学教学的促进性 [J]. 现代中小学教育，2014，30（11）：39-41.

[28] 王惠. 基于学科 "大概念" 的初中数学教学 [J]. 教学与管理（中学版），2021（8）：64-66.

[29] 王勇. "双减" 背景下初中数学教学的 "三加两减" [J]. 中学数学教学参考，2022（36）：21-23.

[30] 王战平. 初中数学探究式教学模式研究 [J]. 林区教学，2011（9）：89.

[31] 邬云德. 初中数学 "教学目标" 设计理论 [J]. 中小学教师培训，2013（4）：45-49.

[32] 武丽虹. 初中数学教学设计的困境及改进 [J]. 教学与管理（中学版），2021（7）：49-51.

[33] 杨小丽. 初中数学单元教学设计的策略探析 [J]. 数学通报，2022，61（9）：21-26.

[34] 张栋科，张月. 初中数学情境化微课的设计框架与应用路径 [J]. 教学与管理（中学版），2020（8）：39-42.

[35] 张华. 初中数学教育课程与教学 [M]. 长沙：湖南师范大学出版社，2010.

[36] 张卫明. 初中数学实验教学设计的思考 [J]. 数学通报，2013，52（12）：24-27，

31.

[37] 张宗龙 . 初中数学教学与管理研究 [M]. 北京 / 西安：世界图书出版公司，2017.

[38] 赵水琴 . 初中数学教学构建智慧课堂的方法探讨 [J]. 数学学习与研究，2022（3）：141.

[39] 赵维坤，章建跃 . 初中数学实验的教学设计 [J]. 课程 . 教材 . 教法，2016，36（8）：102-107.

[40] 赵欣 . 优化初中数学教学设计策略探讨 [J]. 知识文库，2018（20）：146.

[41] 周月玲，曾彩香，陈雪霞 . 初中数学翻转课堂教学模式研究 [M]. 长春：吉林人民出版社，2020.

[42] 朱宸材，王宇峰，杨峰 . 初中数学课堂教学实践与反思 [M]. 长春：东北师范大学出版社，2016.